Descubra Juegos Gratis Online

Disponibles Aquí:

BestActivityBooks.com/FREEGAMES

5 CONSEJOS PARA EMPEZAR

1) CÓMO RESOLVER LAS SOPA DE LETRAS

Los rompecabezas tienen un formato clásico:

- Las palabras se ocultan sin espacios ni guiones,...
- Orientación: Las palabras pueden escribirse hacia delante, hacia atrás, hacia arriba, hacia abajo o en diagonal (pueden estar invertidas).
- Las palabras pueden superponerse o cruzarse.

2) APRENDIZAJE ACTIVO

Junto a cada palabra hay un espacio para anotar la traducción. Para fomentar un aprendizaje activo, un **DICCIONARIO** al final de esta edición te permitirá comprobar y ampliar tus conocimientos. Busca y anota las traducciones, encuéntralas en el puzzle y añádelas a tu vocabulario!

3) MARCAR LAS PALABRAS

Puedes inventar tu propio sistema de marcado. ¿Quizás ya usas uno? También puedes, por ejemplo, marcar las palabras difíciles de encontrar con una cruz, las que te gustan con una estrella, las nuevas con un triángulo, las raras con un diamante, etc.

4) ESTRUCTURAR EL APRENDIZAJE

Esta edición ofrece un **CUADERNO DE NOTAS** muy práctico al final del libro. En vacaciones, de viaje o en casa, podrás organizar fácilmente tus nuevos conocimientos sin necesidad de un segundo cuaderno!

5) ¿HABÉIS TERMINADO TODAS LAS PARRILLAS?

En las últimas páginas de este libro, en la sección **DESAFÍO FINAL**, encontrarás un juego gratis!

¡Rápido y sencillo! Echa un vistazo a nuestra colección de libros de actividades para tu próximo momento de diversión y aprendizaje, ¡a sólo un clic de distancia!

Encuentre su próximo reto en:

BestActivityBooks.com/MiProximoLibro

En sus marcas, listos, ¡Ya!

¿Sabías que hay unas 7.000 lenguas diferentes en el mundo? Las palabras son preciosas.

Nos encantan los idiomas y hemos trabajado duro para crear libros de la más alta calidad para tí. ¿Nuestros ingredientes?

Una selección de temas adecuados para el aprendizaje, tres buenas porciones de entretenimiento, y luego añadimos una cucharada de palabras difíciles y una pizca de palabras raras. Los servimos con cariño y máxima diversión para que puedas resolver los mejores juegos de palabras y te diviertas aprendiendo!

Tu opinión es esencial. Puedes participar activamente en el éxito de este libro dejándonos un comentario. Nos encantaría saber qué es lo que más le ha gustado de esta edición.

Aquí hay un enlace rápido a tu página de pedidos:

BestBooksActivity.com/Opiniones50

Gracias por tu ayuda y diviértete!

Todo el equipo

1 - Arqueología

```
J H X A L J X J Y G M A K T B G
K T J O F U P V R E S L W H L W
W Z D A D A N S O D D I A D Y A
O R D S V H R A R D G S A D N R
K F E C X C Y N H Y W O R Y Y E
Z C B G F Y G G T N E F B L D I
O K K G C R S H A N R F E I D D
B T K I G H E O Q Y T F N W O D
C C Q Q Y T N F I G H L I H E I
H R Y H X R J I A S U E G C D A
N F A F S W R O P I S G W M D D
D A Y I N G O G G D O I R Y Y W
J E D W R O A N H Y S B Y S H Q
O M M Q T W D D I R G E L W C H
T K Î L P C H Y N A F I A E T H
R Q T B B U B Y Z S K T I B S J
```

DADANSODDIAD
HYNAFIAETH
BLYNYDDOEDD
GWAREIDDIAD
DISGYNNYDD
ANHYSBYS
TÎM
CYFNOD
GWERTHUSO
ARBENIGWR

FFOSIL
ESGYRN
YMCHWILYDD
DIRGELWCH
GWRTHRYCHAU
ANGHOFIO
ATHRO
CRAIR
DEML
BEDD

2 - Granja #2

```
V A F H G Y B F G Y R E S Y M Y
Q N E I W N T E S C S J F C C L
N N R S N Y M C R J D G K P C R
M F I J O A A M A L T Q U N K T
B W Y D X N D D I A F E D B R E
B F L O N I Y E E G Q O C Z O R
U F L I Y F F N N W Q V B T R R
G E Y V J E R D C A P E B A C J
A R S P Q I H D X L Ô D N J A Q
I M I N F L A E Q L R N E I R V
L W A B F I U A E R F M O X T X
M R U A R A K Z Y E D J G K B H
I I P A W I D J E B H A I D D J
J Y J X Y D K J X I G C C Y J P
L H I W T L L A E T H C O R N Z
C J D C H S J Z T N M E G D E N
```

FFERMWR
ANIFEILIAID
HAIDD
BWYD
CIG OEN
FFRWYTH
YSGUBOR
BERLLAN
LLAETH
LAMA

AEDDFED
CORN
DEFAID
BUGAIL
HWYADEN
DÔL
DYFRHAU
TRACTOR
GWENITH
LLYSIAU

3 - La Empresa

```
D B U S N E S T A P F J D U C C
S I C R E A D I G O L O P R Y Y
U K W K H J T A Y V X C E Y N F
A L Q Y E Y U V N Z M L N W N L
D Y X A D C G Z Y L V H D P Y O
A Q F W T I N W J O H C E O D G
I N I O T U A I G S I R R S D A
D Y S H Z C E N M E U Y F I Y E
D O P A L U D E T O N N Y B T T
E R D Z W Y Y F T L E N N I X H
U Q C Y N D B E P R D Y I L D G
T V G J S A D R K A A C A R J A
C Y F L W Y N I A D U A D W N E
B U D D S O D D I A D J X Y H B
P R O F F E S I Y N O L F D V M
V I F G D A D N O D D A U D H O
```

ANSAWDD
CREADIGOL
PENDERFYNIAD
CYFLOGAETH
BYD-EANG
DIWYDIANT
REFENIW
ARLOESOL
BUDDSODDIAD
BUSNES

POSIBILRWYDD
CYFLWYNIAD
CYNNYRCH
PROFFESIYNOL
CYNNYDD
ADNODDAU
ENW DA
RISGIAU
TUEDDIADAU
UNEDAU

4 - Pesca

```
B E L N A S T G E S K R P L D A
B A S G E D N A D S M P T K F B
C L X F J L I B G P N C M C B W
O U D D C X U C P E G W Q L A Y
G T L Ŵ V E P T S H L J S L C D
I F T R O F F E R O N L E Y H S
N A M Y N E D D O Z K S A N Y N
I H X H P V P D F K F Z H U N L
O X H C W C M N N E R F I W G N
E J D Y Y F S L F U S T Y M O R
T Z L O S X B H E F X G O Y U T
S A V Y A Y R X C A O J Y P O R
G V V L U U C Q R Q A G W L R A
N G Q B O N T E G R X J Z G L E
R M T J Ê E S B O N I A D A H T
B N K B B N O F A V S J I Q I H
```

DŴR
ESGYLL
CWCH
TAGELLAU
GWIFREN
ABWYD
BASGED
COGINIO
OFFER
ESBONIAD

BACHYN
LLYN
ÊN
CEFNFOR
AMYNEDD
PWYSAU
TRAETH
AFON
TYMOR

5 - Aviones

```
H Y D R O G E N P J L G I B M T
A H W E Y U O Q K P R T I L C A
N A R D H W A D E I L A D U I N
T N J H E U H H G X K Y M N W W
U E X C Y E C T N A I R I E P Y
R S B U M D H Y I D B C V J T D
Q S O D P O W N X E R B Z X Q D
P E I L O T Y K Q E T A Z N O W
G P N W D H D L N L I W E Z C C
O Z U H Y Y D O M Y I Y P K Q Y
Q E L C A Z O N M W R R Y E X N
A W Y R G Y L C H I B A L Ŵ N I
J K D L B W I R W O I N A L G G
M P S R A J C Y F E I R I A D I
C R I W U L Y L Y C Z T A Z V O
X Z M V U X M S C Y N N W R F N
```

UCHDER	CYNIGION
GLANIO	HYDROGEN
AWYRGYLCH	HANES
ANTUR	CHWYDDO
AWYR	PEIRIANT
TANWYDD	LYWIO
ADEILADU	TEITHWYR
CYFEIRIAD	PEILOT
DYLUNIO	CRIW
BALŴN	CYNNWRF

6 - Tipos de Cabello

```
T F F R X R Y K R Q T S F S T C
I S U H C W R T G L L W Y D X Y
A R G I D E H T E L P J U Z F R
C O C L E O M T E N A U V F F L
H S A U E L I H I R X X K O H I
B T T D R I U N F Y Y V U W T O
S Y C H R L N A P B Z G W Y N G
Z W F M X A S I I C N K F P R Z
I Y T Z S D C R O J T Y X O O D
L N F Z U D X A R G B L O N D X
Y L D S U E D G P T F K N W L R
N X I V Y M B L E T H I E O Q Q
X B M W A K X C M Z O R P R L L
M X G U N S B P U F H H Y B P X
F M M W C G O Q I P C M H A J U
J G K I V V X C Y G E T V W O L
```

GWYN
SGLEINIOG
MOEL
LLIW
BYR
TENAU
LLWYD
TRWCHUS
HIR
BROWN

DU
ARIAN
CYRLIOG
CURLS
BLOND
IACH
SYCH
MEDDAL
PLETHEDIG
BLETHI

7 - Ciencia Ficción

```
R D A W M X E T H R U G R B G B
Q Y W M J P H Q S U X W C L A L
W C Z E X T A K D B N Y B A L V
H H S D D I S N J J K C T N A E
Z M M L E G R I D Y B H S E E Y
L Y L L F F R W Y D R A D D T V
E G C Y R Q N L G I M O T A H O
I O T F R H A N K A V S G M W R
T L E R E P I Â V I G I D E M A
H O C A A S P T K T C A A N T C
A F H U L F O T H O Q G J I O L
F K N C I J T D O B R H U S J E
O L O D S Q U S F O H J K G B Y
L X L G T F V H B R R A W R E V
C D E T I D Y F O D O L A I D D
A E G O G C W D E L P E L L Y I
```

ATOMIG
SINEMA
PELL
FFRWYDRAD
EITHAFOL
GWYCH
TÂN
DYFODOLAIDD
GALAETH
RHITH

DYCHMYGOL
LLYFRAU
DIRGEL
BYD
ORACLE
BLANED
REALISTIG
ROBOTIAID
TECHNOLEG
UTOPIA

8 - Granja #1

```
M G E M D W R S T I E Q W H G H
J P W H A D S Y G U O O O O Z F
Y Y H E R E I U R G W A I R W R
E M T C N H S A Ŵ T H U R C S X
L L J O C Y Q B D F F E N S L P
M Ê L P K L N Y S E Q B P K G C
C T Y B E S M B T A L Q G Y W T
D K F M I C A T H M B L B M R X
U U F Y F O B E T I R K Y C T K
L V E J R C G A F R N P D M A T
P U C R Â I W Y C H A D A U I M
N P R O N R E I S C L I M X T N
H V E V N A S Y N W L F I P H P
B O D X D T V T Y U O H Q X G F
W J R V K E V N F B G B A K D G
A E F U Q Y W R O R F D M P R W
```

GWENYN   GWAIR
DŴR   MÊL
REIS   CI
ASYN   CYW IÂR
CEFFYL   DDIADELL
GAFR   HADAU
MAES   LLO
FRÂN   TIR
GWRTAITH BUWCH
CATH   FFENS

9 - Camping

```
E X P L M X L S R R O I C H S K
B Y C L Y Y P L K U F I W F W S
A K Q E Q V N S Y T B U M Y Q L
F B F U H Z R Y Y N D H P A M D
Y M P A B K E X D A M E A L Z L
E A Z D F C S O E D G T W E B F
K G F D R O U Y O U Z W D H R K
B X M Z P M L I C Q A N K Ŵ F I
Z R W Z R M L G N R U T A N S C
H B M G Y A N I F E I L I A I D
G D J X F H A W F F G G G C J B
O F N T E U B D A F U D Q Q L Y
K V B W D R A E H O R T S B A C
X F S B X T C O R G R Q Â H U Z
X L Y N K S W C G O L R I N I W
U K F B O R O A K V R L Q Y R C
```

ANIFEILIAID	TÂN
ANTUR	HAMMOCK
COED	PRYFED
COEDWIG	LLYN
CWMPAWD	LLUSERN
CABAN	LLEUAD
CANŴ	MAP
HELA	MYNYDD
RHAFF	NATUR
OFFER	HET

10 - Fruta

```
A  P  M  P  H  O  H  F  G  D  A  N  A  N  A  B
N  E  J  M  F  L  C  K  F  X  P  O  E  O  P  G
B  X  P  M  H  K  A  F  A  L  A  F  R  L  C  R
X  S  O  I  R  I  E  C  T  W  P  A  O  E  K  A
Q  P  F  T  Y  Z  P  O  G  N  A  M  N  M  H  W
B  A  U  U  U  X  G  Q  G  M  I  O  R  G  H  N
G  R  M  D  Q  Q  W  R  M  U  A  T  R  X  P  W
C  E  I  X  Y  Z  C  X  O  D  A  C  O  F  A  I
N  S  L  C  D  D  T  M  O  D  A  V  I  I  V  N
A  P  B  L  Y  O  H  H  X  Z  F  M  A  G  J  M
U  J  J  B  Y  L  N  E  C  T  A  R  I  N  E  J
C  L  K  B  T  G  L  E  I  R  I  N  C  I  W  I
O  K  M  V  T  S  Z  K  O  R  E  N  O  M  E  L
C  P  K  G  F  O  J  D  Q  L  N  U  M  G  C  Y
O  Z  X  C  X  L  A  B  B  K  S  S  Z  E  H  Q
M  K  A  Z  A  P  M  C  A  U  F  E  R  R  X  D
```

AFOCADO	MANGO
BRICYLL	AFAL
AERON	PEACH
CEIRIOS	MELON
EIRIN	OREN
CNAU COCO	NECTARINE
MAFON	PAPAIA
GUAVA	GELLYG
CIWI	BANANA
LEMON	GRAWNWIN

11 - Geología

```
H A L E N G V E U K U Q C D D Q
U N N J Z U P V N L N U Y V G L
A S I D H P J W B W Q A F A L O
L L O S G F Y N Y D D D A J Z G
A P S H D I X I Q Z S I N B Y O
I A T T A I S T L G N M D H D F
S R R Q A E N W G E R G I M A C
I T A Y T L N V F R J A R W E K
R H W V M G A C W R E L R Y A F
C K C O R B F C E A C A J N R G
R O A X O A F B T C E T P A G A
E V B N L Z O V X I U S J U R E
Y H S K X D S Q D L T O T T Y V
G E Y S E R I G X I D E D R N I
Q R R J R Q L G W A S T A D A H
C A L S I W M S Q R J V Z K L J
```

ASID	FFOSIL
CALSIWM	GEYSER
HAEN	LAFA
OGOF	GWASTAD
CYFANDIR	MWYNAU
CWREL	CARREG
CRISIALAU	HALEN
CWARTS	DAEARGRYN
STALACTITE	LLOSGFYNYDD
STALAGMIDAU	PARTH

12 - Inmigración

```
P O X N D M E U A U B L B W J G
L V C M O M S W Y D D O G W I W
A H Y S G Y I S K X C L Y V G E
N F F B F U A C D A I D D Y D I
T N R R E A T J Y A T E B Y S N
F L A O N I G R Y L K H X J A Y
B N I B N N O E A M L U Y H M D
D O T R A I Z X W F O I H A F D
H I H O U F I N B G O F D I S U
Z L O N L F H E Z M T D G J E A
O O O G C Y F A T H R E B U F D
Z D G I E H T R O M Y C H E Y S
I E L P S L G T I A I T H X L I
R O G T Q C U S B T M I K I L H
C Y M E R A D W Y A E T H A F G
I Z J Q V M Z N T M J O N Y A P
```

GWEINYDDU
OEDOLION
CYMERADWYAETH
CYMORTH
CYFATHREBU
DOGFENNAU
STRAEN
DYDDIAD CAU
CYLLID
FFINIAU

IAITH
CYFRAITH
TRAFOD
PLANT
SWYDDOG
DIOGELU
SEFYLLFA
ATEB
TAI

13 - Álgebra

```
B Y C H W A N E G I A D L L C U
R N W Y G A B O X W F D U S G U
O R E S V R L F F R A C S I W N
B M W J N Y D I W E N H S C F N
L D N M N F W H B N F F M Z F Y
E K R H F J T R Z V E S S N O T
M N K S I S E H T N E R A P R A
F F A C T O R D I A G R A M M N
U J Z I L L H D Y U U Y A U I F
W Y B R I I L A A I F B R Z W E
Q B E T A G X I F T F W E G L I
A Z T A M B A S N A R Y V R A D
K G P M L X P T V O L Y I O R R
S Y M L E I D D I O L I S H X O
X B G H O I U D X F Q U A O V L
H X I J H E E J I L R L H D U W
```

YCHWANEGIAD   LLINOL
MAINT   MATRICS
SERO   RHIF
DIAGRAM   PARENTHESIS
HAFALIAD   BROBLEM
FFACTOR   DATRYS
FFUG   TYNNU
FFORMIWLA   SYMLEIDDIO
FFRACSIWN   ATEB
ANFEIDROL   NEWIDYN

14 - Plantas

```
B A M B Ŵ C P X B F E E G N Z Q
Z W J R E Z O Z N V V I W X C G
F H V W A M N E Y Y A D R L Q L
J Y S O C E J P D G E D A L M L
B R U L B Z M S O W T E I W C Y
P E T A L B L S L T I W D Y S S
T O C M I X L O B D U G D N V T
M M A I A T Y M L U A H U N K Y
M G C A D V S B Z R A E B A I F
B W I C J M I Y P G M X R F W I
W P S M M H E B R U Y J B O R A
C A R O L F U C Y D E O C L N N
Y K Y B G U E M F D L M U G B T
L C W X R L G G W R T A I T H Z
H A A Y W M L F F A O B X S T L
G L A S W E L L T G G V R N N Y
```

LLWYN	DAIL
COED	FFA
BAMBŴ	EIDDEW
AERON	GLASWELLT
COEDWIG	GARDD
LLYSIEUEG	MWSOGL
CACTUS	PETAL
GWRTAITH	GWRAIDD
BLODYN	HAUL
FLORA	LLYSTYFIANT

15 - Negocio

```
A R I A N P J P X G P Q D L L M
E S D D T R G Z H Z D W S E I N
C W O I R U Y Y J G G Y R F A K
O Y F N S S P M G D H V C T H U
N D A T J G U O U W P P Y X Z N
O D R C R P O H I A G O L F Y C
M F T W O E X W N B D I L L Y C
E A E M F Y T D N Y Y S I Y F K
G Z C N Q G N H G T Z D D Y W S
I K B I T F V P I F O F E V S T
B U D D S O D D I A D Y B P J K
A A C Y F L O G W R N S T A F F
N W Y D D A U F K Q T T M G Q N
G W E R T H U U Z Q S A D N B E
X W L T E K K N X L O G F Y L A
F J B Y S Y R W F O C F T F W Z
```

GYRFA
COST
DISGOWNT
ARIAN
ECONOMEG
CYFLOGAI
CYFLOGWR
CWMNI
FFATRI
CYLLID

TRETHI
BUDDSODDIAD
NWYDDAU
SWYDDFA
STAFF
CYLLIDEB
SIOP
SWYDD
TRAFOD
GWERTHU

16 - Jardín

```
R G O K T G H C M W I I C K S D
H A J N G L Q O L Q C F F E N S
A R I O S A R E T O N Y D O L B
W D K U O S Q D P R I D D U L R
Z D N H R W Z A L G A R E J A H
U A I G I E R C F X M S Z Y W A
L L W Y N L C Y N T E D D W N C
T U R R S L L E B I P Q R W T A
R U Y J L T Y W B J L J Q R C L
A C H W Y N Z I P H A M M O C K
M C Z H J I J S X N K G P F Y Y
P C Q Y P V M B Q K T D G N G W
O L V I L Q S I K T T A U A U S
L G S G M D M E B Z N B I S B Q
Î J P X U L W U E N W D J A M B
N Z M H C I V V I O F D A H X G
```

LLWYN	CHWYN
COED	PIBELL
MAINC	RHAW
LAWNT	CYNTEDD
PWLL	RHACA
BLODYN	CREIGIAU
GAREJ	PRIDD
HAMMOCK	TERAS
GLASWELLT	TRAMPOLÎN
GARDD	FFENS

17 - Países #2

```
P E D E J O W W J P N A Q L O U
P M A L S F Z G I G S A K N C N
F V Z Q J G X R J W W D P V I N
M F C K A C L A O S H N N E S L
Q I R P N F S J W Q W A H E C A
W N A A A R G W L A D G R O E G
C D M C I K W M X L Y U J Q M W
R O N I R N I S S U D A N X S I
Á N E A T O C S I J A P A N Q T
I E D M S D U D T A I R Y S Q R
N S C A W D A I L A R T S W A O
T I P J A R Y J A I N A B L A P
L A I K M E I A M K S S Y V V W
A P Z F J W F A U E L I L G Q V
T S N M A I P O I H T E I D J D
F S U J F F Y Y Y Q F E W M N X
```

ALBANIA
AWSTRALIA
AWSTRIA
DENMARC
ETHIOPIA
FFRAINC
GWLAD GROEG
INDONESIA
IWERDDON
JAMAICA

JAPAN
LAOS
MECSICO
PAKISTAN
PORTIWGAL
RWSIA
SYRIA
SUDAN
WCRÁIN
UGANDA

18 - Números

```
P  I  R  R  O  S  P  G  A  T  I  J  Z  P  X  K
K  R  K  X  S  A  M  K  H  Y  T  N  Q  E  Z  U
Y  L  O  K  E  I  X  U  C  H  L  R  H  T  P  G
W  Y  T  H  R  T  G  E  D  D  R  A  I  R  T  A
A  L  P  F  O  H  D  E  G  O  L  W  H  Y  V  I
N  U  A  D  P  Y  M  T  H  E  G  D  Z  Z  Y  N
I  N  U  N  K  M  W  I  U  U  I  E  C  P  O  C
W  A  N  U  E  D  U  F  B  U  X  P  C  R  E  S
H  R  N  Y  O  I  I  P  Y  X  D  V  V  O  X  I
M  B  R  U  U  P  A  V  D  P  B  M  P  T  O  I
B  Y  P  I  K  U  B  Q  B  T  Z  V  H  Q  X  C
B  M  G  N  Y  M  A  D  H  J  F  X  S  K  J  O
T  T  L  V  P  O  A  F  A  X  Q  A  Y  B  M  Y
N  H  C  E  W  H  C  T  B  W  H  C  H  V  C  W
B  E  L  Q  F  X  U  G  H  A  K  K  E  G  M  V
C  G  E  D  D  U  E  D  E  D  E  G  R  A  J  A
```

SERO	NAW
PUMP	WYTH
PEDWAR	PYMTHEG
DEGOL	CHWECH
DEUNAW	SAITH
UN AR BYMTHEG	TRI AR DDEG
DEG	TRI
DEUDDEG	UN
DAU	UGAIN
MATH	

19 - Física

```
A N H R E F N O W W I G A C D M
T G A M A G N E T E G R T Y I I
Q S À M O U N A X U M O O F S R
Y N P D L N K N J N A N M L G R
E M E V M D X R D O L Y C Y Y C
H Z L N U S E M D R G N R M R Y
F E T A Q B O R E T Q N L D C F
T J T U C V I C S C Q A W E H L
Y I K H E I Z I Y E A U I R I Y
R X D T B N O O W L K N C L A M
N I W C L E A R D E P A E O N I
O W E B L N I M U D J E L G T A
D A R A L W I M R O F F O E R D
V Y M M P Y I Z D Y X S M M C F
P E I R I A N T J I C G C E S D
C Y F F R E D I N O L E Y C G Z
```

CYFLYMIAD   MÀS
ATOM   MECANEG
ANHREFN   MOLECIWL
DWYSEDD   PEIRIANT
ELECTRON   NIWCLEAR
FFORMIWLA   GRONYNNAU
AMLDER   CEMEGOL
NWY   YMLACIO
DISGYRCHIANT   CYFFREDINOL
MAGNETEG   CYFLYMDER

20 - Belleza

```
C H A M B E C A R A C S A M H S
E W A X J G Y O R X Y R N M S T
C V L B U A W E L O C U R L S E
N R J Z N D N V Y U G Y W V M I
A Q O D R A K C Q X R L S R V L
R M X E N I A C N X V N I P M Y
G Q R S N D M P H V Y K S F I D
A A N J Y D B O Q E P G G U N D
R B M S W O L L I W U C R S L C
F A Y L S S U E W Z V Z A I L E
G W A S A N A E T H A U S A I I
T I W C X A U D J C G J M M W N
T Y H X G F F I Z Y W V A P J D
B G L Q M Y X B M R R N Z U M E
B N K L A C X M C D W D X H N R
F F O T O G E N I G F M Z V Z V
```

OLEWAU	FFOTOGENIG
AROGL	FRAGRANCE
SIAMP	GRAS
LLIW	CYFANSODDIAD
COLUR	CROEN
CEINDER	MINLLIW
CAIN	CURLS
SWYN	MASCARA
DRYCH	GWASANAETHAU
STEILYDD	SISWRN

21 - Países #1

```
P S X Y V E N E Z U E L A W Y Y
Q R O R B R A S I L S P K P R B
Q Y I A M A N A P X E K R Z E T
V U T I L A M C O Y Y V F B I T
N C D F M M K E L I B Y A B D M
B I T F K L V C M M A H A L A O
N X C T C L Y W P D A L W G L R
G O K A M G M A S A J Z E K A O
S W R I R I F D R L J N Z D I C
I E L W B A G O W N H C T Z I O
W J O A Y L G R S B A E N X I A
V X O R D U W U Y R A L M A E N
I N D I A B X Y A C A N A D A V
Z B S X J T E H O N D U R A S B
S E N I P P I L I H P S Z Q D T
A R I A N N I N G A B U O R H W
```

YR ALMAEN
ARIANNIN
GWLAD BELG
BRASIL
CANADA
ECWADOR
YR AIFFT
SBAEN
PHILIPPINES
HONDURAS

INDIA
YR EIDAL
LIBYA
MALI
MOROCO
NICARAGUA
NORWY
PANAMA
GWLAD PWYL
VENEZUELA

22 - Mitología

```
C L P C W O U U O G K O G F W S
W E J W B E D L O W R A F N A F
X C N M E D D W L O W R A M O H
A R D F N C E N D I R U E R C A
I E I Y I Z O S Q K A D E Q X C
D D A V H G F C H D N A X S I H
A O L A C R E D R W L E F Y H R
I A U T Y X N N U Y Y R A S T N
G U A L R G Y D C W F C S M N N
Y Z R A T P Z F A L I D W S I C
D I W Y L L I A N T W A E Y R J
D M E L L T D L E K N Z U R Y F
M M I L A K S X E N P V E T B L
Y X V F D G Z Y D J K U X F A O
A N G H E N F I L D E W H C L V
A N P F E L T X L E H L D L N M
```

CENFIGEN
NEFOEDD
YMDDYGIAD
CREU
CREDOAU
CREADUR
DIWYLLIANT
DUWIAU
TRYCHINEB
CRYFDER

RHYFELWR
ARWR
ANFARWOLDEB
LABYRINTH
CHWEDL
ANGHENFIL
MARWOL
MELLT
MEDDWL
DIAL

23 - Ecología

```
P L A N H I G I O N D L F H D F
P G W I R F O D D O L W Y R U F
C W E G Q Y U Z U K F L O R A A
F Y M Y N Y D D O E D D F T H W
N U N H E Q V I I U J C L I T N
P A U A D D O N D A G O R S E A
B H T Y L U O X I D N Q E E A M
C W U U P I I G S E A M D O G H
M Y O V R Q A E B N E O H R O L
C X N X M I L D L U D R C O W N
W L H E U Y O R W M Y O Y G Y A
U V G R F B B L Q Y B L S W H T
E G M Z B I N J N C H M O U R U
V Q Z Q K D N H I N S A W D D R
L L Y S T Y F I A N T O D L U S
E B B Q A A M R Y W I A E T H C
```

HINSAWDD	NATURIOL
CYMUNEDAU	NATUR
AMRYWIAETH	GORS
RHYWOGAETHAU	PLANHIGION
FFAWNA	ADNODDAU
FLORA	SYCHDER
BYD-EANG	CYNALIADWY
CYNEFIN	GOROESI
MOROL	LLYSTYFIANT
MYNYDDOEDD	GWIRFODDOLWYR

24 - Casa

```
H C P W K H I L D D R A G Z L L
C N G Z F N S L O R N J W I J W
L L A W R D L Y W A W W B R T Q
K N I X R F A F A J C S D V Z L
X J V V W S W R C Z E D R Y C H
F F E N S A R G J S G L K Q W X
E L Z P D K L E T I I A A O R U
A T I G W I U L O M N B X M S X
F B S O D O V L U N D A V W P S
A F F E N E S T R A J N I X Y S
U B G M P K F A W I E A D N K B
C B S I G I T C I B T D I X U P
E A C D M C T O Y U R L O Z T R
T G A R E J E U A S D P U A O U
H J G O J A V X S K R K G F B G
Y S T A F E L L W E L Y Q T P E
```

RUG	FAUCET
ATIG	GARDD
LLYFRGELL	LAMP
SIMNAI	WAL
CEGIN	LLAWR
YSTAFELL WELY	DRWS
CAWOD	ISLAWR
BANADL	TO
DRYCH	FFENS
GAREJ	FFENESTR

25 - Salud y Bienestar #2

```
A V S O B K G R T R E U L I A D
O L B B A L E R G E D D W N I F
Z Q C P U I M N E A R T S N W W
Y S B Y T Y O R Q F O X A Y H I
T Y L I N O T X B S D Y F E L C
Q H F R D B A S Q A J A T V C C
B Y A O W U N H A I N T D E F N
D L H L D N A M T P F V E Z U E
F E U A V S U A S Y W P I R U A
H N Y C G P C E P Z E F E Q W L
B D O E F W H T L T C Z T I G Q
Q I D R E L A H T E A W H C R A
I D K M S Z C E G E N E T E G S
J A I J X C S M D F I T A M I N
N Z C C F T J V V Y M H Q N E H
U J T H Y K N O R O C R D H L R
```

ALERGEDD	HYLENDID
ANATOMEG	YSBYTY
ARCHWAETH	HAINT
CALORI	TYLINO
DEIET	MAETH
TREULIAD	PWYSAU
YNNI	ADFER
CLEFYD	IACH
STRAEN	GWAED
GENETEG	FITAMIN

26 - Selva Tropical

```
K M H C R A P M H F G G I A L R
I K I F S C J Y N G L O M H L H
W N N X C Y C H W A V R I W O Y
C Z S L H M M K G W T O J V C W
W J A Y R U T A N W E E R O H O
M S W D I N E H N Y C S W T E G
V D D D D E F Y R P Y I A Q S A
H C D P T D P H Y U M F F S T E
E W O G U V M R T D Y D H E F T
B O T A N E G O L E L J T W Y H
I Y B N M W S O G L A V R E T A
M A M A L I A I D N U R E N V U
W A M F F I B I A I D A W T X S
Q R Y A D F E R O B D D G D V Y
N J H T E A I W Y R M A S N A O
V V O O U N B U V K J Y W Z L C
```

AMFFIBIAID

BOTANEGOL

HINSAWDD

CYMUNED

AMRYWIAETH

RHYWOGAETHAU

CYNHENID

PRYFED

MAMALIAID

MWSOGL

NATUR

CYMYLAU

ADAR

CADWRAETH

LLOCHES

PARCH

ADFER

JYNGL

GOROESI

GWERTHFAWR

27 - Colores

```
L D W Z A P P P Z I H Q L O I J
Z C T O K I D Y F W Y R R K Y R
W M N K W N W O R B I L S E U D
C K X B D C M A G E N T A P L T
T W S A R U Y S A S U R V O L K
G S O G I D N I E S R V M R W B
S U Z W B D Y J B P E X E F Y K
O V B Y Y R S W E Q I L L F D E
R N L R M Y O A L M I A Y O F V
E N M D Q W X O B L I S N R E D
N A B D F G E Z V C O C H E L S
T D E L O I F S G C J W J W Y U
R B K A C E I W W Q Q A H R N G
T H N S G W X G Y J V O L L D W
T N E U N P H Y N G R J H I P B
D P Q Q S V I K J G L A S V E G
```

MELYN	BROWN
GLAS	OREN
ASUR	DU
LLWYDFELYN	PORFFOR
GWYN	COCH
GWYRDDLAS	PINC
DYFWYR	SEPIA
LLWYD	GWYRDD
INDIGO	FIOLED
MAGENTA	

28 - Adjetivos #1

```
T  P  I  X  P  P  J  S  R  A  H  C  A  L  L  A
N  W  G  Z  V  D  D  M  W  R  T  E  B  E  O  R
Q  L  I  G  S  F  U  I  A  R  J  G  S  A  D  A
R  F  S  F  V  C  D  B  F  H  W  C  O  H  A  E
Z  R  Y  N  A  N  Q  I  N  T  D  C  L  J  I  T
C  S  W  R  U  N  R  S  E  H  R  L  I  N  N  I
V  M  P  E  X  P  C  N  W  P  N  L  W  F  E  U
A  I  R  D  D  I  N  I  W  E  D  Y  T  A  D  N
H  K  L  O  D  E  R  H  T  I  E  W  G  R  I  Y
U  Y  O  M  A  W  R  L  Q  S  X  Y  G  O  X  B
J  Z  F  A  R  A  O  I  E  C  E  T  F  M  Z  M
U  I  I  U  V  B  Y  M  Q  J  N  N  W  A  H  B
P  E  R  F  F  A  I  T  H  S  L  A  O  T  X  O
H  O  F  G  W  E  R  T  H  F  A  W  R  I  T  O
L  O  I  S  I  E  G  L  E  H  C  U  X  G  K  J
I  B  D  V  L  C  Q  F  D  E  U  P  M  L  X  V
```

ABSOLIWT	PWYSIG
GWEITHREDOL	DINIWED
UCHELGEISIOL	IFANC
AROMATIG	ARAF
DENIADOL	MODERN
LLACHAR	TYWYLL
ENFAWR	PERFFAITH
HAEL	TRWM
MAWR	DIFRIFOL
ONEST	GWERTHFAWR

29 - Familia

```
P I N Y W X U Q N O H T I N W H
Z L C E F N D E R Z Y C E G N O
C J E C Z L K M X C N F R H Q F
H G Z N Y T N E L P A Q Y E Q A
W Ŵ T I T P L A N T F Q M E M M
A R F R N Y J E F G I A R W G G
E N A I H S N S D T A T V M D U
R M O D R Y B D X R D E U F A Y
G O J A N Y B X O D C M E I U K
G D D T M U I H K D U Q W X J C
U R M T A I D L M V G A Y J L N
S B R A W D X N F G P N T X J L
F M Y V F V L W M L K E H B J T
M Q Ŵ M A M A U N A I N R W G I
U N I J O T Q C N K K T V G G G
Q F K M F V P L F F N J C G H O
```

NAIN	MAMAU
TAID	ŴYR
HYNAFIAD	PLENTYN
GWRAIG	PLANT
CHWAER	TAD
BRAWD	CEFNDER
MERCH	NITH
PLENTYNDOD	NAI
FAM	MODRYB
GŴR	EWYTHR

30 - Disciplinas Científicas

```
B M M Y G Q G W D T W F B Z A R
I W E Z R X E G G J T F G O V D
O Y T P N Y R G E U E I S Y L L
C N E E J C A S L I C S J H V A
E G O Y M G E L O N W I M I T N
M L R H T E A M C Y T O Q R R A
E A O T D L D R E N K L D Y A T
G W L E D O S U C U P E U D K O
O D E A S I S V Y H O G P N C M
C D G I D B W Z K R A K M V E E
A S P D M E C A N E G E V E M G
C Y M D E I T H A S E G O Q E E
O O T Y S E I C O L E G V L G F
K H U R O F X Q G H S N F O E I
M R G E L O R W I N L Y G M E G
U L A S N K U U R D B C P E N I
```

ANATOMEG

ARCHAEOLEG

SERYDDIAETH

BIOLEG

BIOCEMEG

LLYSIEUEG

ECOLEG

FFISIOLEG

DAEAREG

IMIWNOLEG

MECANEG

METEOROLEG

MWYNGLAWDD

NIWROLEG

MAETH

SEICOLEG

CEMEG

CYMDEITHASEG

31 - Cocina

```
C H O P S T I C K S T H M T B M
Y L Z G F O D Z M G P E L B W J
E F F Y R C D E G P Y B G Y Y V
G I O L Y O O D X K V Z C E D L
R J E V Z A N D L Q J I D T L C
A H K G E U Q Q Q F Y D A U I L
J V E N P I M A L H G W Q R I
Y Z T W E V S A Z X R B A T Y F
C I P J G M Q P S Y S I E B S F
Y S D I S E X C W P A N A U Á E
L E Q A L X L I R G Z Y W A I D
L O V W W X N L J W G C Y Y T O
Y X S D D T K D H I D P Z W K G
L M S M M O E A D L G A W L E E
L P O P T Y R L F F D N J L T D
P L M O E R G E L L B J B O W L
```

TEGELL	JWG
BWYD	CHOPSTICKS
RHEWGELL	GRIL
LLWYAU	RYSÁIT
LLETWAD	OERGELL
CYLLYLL	NAPCYN
FFEDOG	JAR
SBEISYS	CWPANAU
NODDI	BOWL
POPTY	FFYRC

32 - Moda

```
X  U  P  W  A  P  A  T  R  W  M  S  Y  C  F  L
S  H  I  J  Q  R  D  X  Y  X  V  Q  M  N  F  L
Q  W  A  K  P  C  D  A  L  L  I  D  A  M  O  B
E  K  W  T  R  F  E  D  L  L  U  B  R  E  R  Z
B  O  T  Y  M  A  U  S  U  S  A  O  F  S  D  B
L  L  E  I  A  F  T  Y  L  L  T  U  E  U  D  R
O  G  W  E  A  D  E  M  A  Y  L  T  R  R  I  O
I  A  K  T  O  S  R  L  C  O  L  I  O  I  A  D
D  Z  N  D  S  M  C  U  E  B  G  Q  L  A  D  W
D  U  U  S  U  D  W  K  S  S  D  U  R  D  W  A
I  C  A  I  N  S  Q  K  N  F  L  E  D  A  Y  I
E  S  Q  Y  R  O  G  E  C  L  L  E  M  U  Z  T
R  T  Z  Z  E  G  H  S  N  U  B  Q  Z  Q  D  H
W  D  G  J  D  K  F  D  E  J  W  I  O  H  E  G
G  C  E  J  O  C  Y  M  E  D  R  O  L  T  H  F
J  T  L  L  M  B  O  A  J  X  F  U  K  U  D  O
```

FFORDDIADWY	MODERN
BRODWAITH	CYMEDROL
BOTYMAU	GWREIDDIOL
BOUTIQUE	PATRWM
DRUD	YMARFEROL
CAIN	DILLAD
LACE	SYML
ARDDULL	TUEDD
MESURIADAU	GWEAD
LLEIAF	

33 - Electricidad

```
R U D A R E N E G Y Y S Z B I L
H W A I U A H C Y R H T R W G A
W O U R W N A D Y R T O C L T S
Y I N X F T E L E D U R C B R E
D E C O S I M C Y D G I Y X Y R
W Q U V C I W K E D G O C V D V
A O B V R A F G B B F E A N A T
I M N A G H H J U P L T D R N A
T N I A M G G W L Z O X A A Ô P
H E E O U Q S N M H F V R O F B
Z Q N O A V P B L Z F N N L F L
R X Y G M Z A A H I E Q H B X J
W K G L A P N T F P R O A N G Y
D L D Q W M P R M J U A O O Y Q
S K P A G A X I K G E K L N S Z
R Q S Z Q L O D D Y G E N X A Y
```

STORIO
BATRI
BWLB
CEBL
GWIFRAU
MAINT
TRYDANWR
TRYDAN
SOCED
OFFER

GENERADUR
MAGNET
LAMP
LASER
NEGYDDOL
GWRTHRYCHAU
CADARNHAOL
RHWYDWAITH
TELEDU
FFÔN

34 - Salud y Bienestar #1

```
M Z O S G O T K W K W I H D T C
A N F O G D X H T E A I N I R T
R T Z N U M F B E M E D D Y G H
G H G R A V M A M R L V A J B A
H F T Y F H V C E G A O O M G Q
U Q U G R J Z T D R R P B L N Q
A H J S E C Z E D D J N I O E S
N Y W E N U H R Y F U C H D E R
O T M Z L Y A I G F A L V E C X
M S X L U A G A A E R G M R L A
R E F R A U I E E R Y U T H O C
O A Z G D C N N T Y H K D T D J
H T W Y L L I D H L Y W D I E D
C R O E N S L O S L C C Z E Q C
Y X T Z J Y C K N F W V Q W L M
L H L H E S N M G A J R H G P L
```

GWEITHREDOL	ESGYRN
UCHDER	MEDDYGAETH
BACTERIA	CYHYRAU
CLINIG	NERFAU
MEDDYG	CROEN
FFERYLLFA	OSGO
TWYLL	ATGYRCH
NEWYN	YMLACIO
ARFER	THERAPI
HORMONAU	TRINIAETH

35 - Adjetivos #2

```
S F T V D D A R F E R O L F Q W
S L Z M R C I Q R C A I N F N P
G I R Y A W Y D S Y C H F R A E
M N L V M Z F N D Y N Z A E T X
C E B S A G S D H O S A L S U Z
V D P J T A X J Z Y R W C O R I
H I A D I U E S I L R O H O I E
K G Z F G H A L L T G C L Z O U
N U M Y V C C R Y F D Q H S L Y
L O G I D A E R C D T R U I E G
E C B C B I C Y F R I F O L O F
T N T N E W Y D D A N H J P I L
E Y W D A T Y W B W T K R A A D
M A L O D A I F I R G S I D T K
C Z T B G S B E I S L Y D H K X
F W S T W R Y L C S J T W N N A
```

FLINEDIG	NATURIOL
BWYTADWY	ARFEROL
CREADIGOL	NEWYDD
DISGRIFIADOL	FALCH
DRAMATIG	SBEISLYD
CAIN	CYNHYRCHIOL
ENWOG	CYFRIFOL
FFRES	HALLT
CRYF	IACH
DIDDOROL	SYCH

36 - Cuerpo Humano

```
U V J P Y C R O E N W L V G V Z
U P R T S U L C J H S L H I Z P
V E X O G L Q H B M M O U F G H
L W H K W L N Z I D F Y U F E W
T Z W X Y Y W X O Y U J E W G A
G H H M D G C A V T E C T T U F
T A X Y D A L C O H E B W Q L P
N Q L K G D Q O X T I Q S B J X
E T N O Y W Z E O Q P J A M O K
F G T H N Ê D S K Z E M T Y W Q
F B N H E D O D D Y N N E M Y D
Ê Y O G P G F E F Q G Y T L J F
R S D M U P A A X S L G W A L L
F L I I G Q T W N Z I A X R K F
P E N E L I N G C B N D M L T W
N G Q W Y N E B K L D A Z L X O
```

ÊN	TAFOD
GEG	LLAW
PEN	TRWYN
WYNEB	LLYGAD
YMENNYDD	CLUST
PENELIN	CROEN
GALON	COES
GWDDF	PEN-GLIN
BYS	GWAED
YSGWYDD	FFÊR

37 - Calentamiento Global

```
F  L  D  D  E  D  D  F  W  R  I  A  E  T  H  H
P  F  L  Y  W  N  M  L  J  U  X  F  D  L  K  I
J  J  J  Y  F  O  T  N  D  D  H  W  R  V  K  N
U  I  W  C  W  O  P  S  X  A  D  G  W  V  M  S
J  I  U  K  L  O  D  A  L  W  G  N  Y  H  R  A
D  U  A  T  O  S  D  O  A  M  P  H  A  D  Z  W
G  A  H  Z  N  Q  A  R  L  S  Y  L  W  D  F  D
W  D  T  U  A  H  T  E  A  L  D  E  N  E  C  D
Y  A  E  A  W  J  N  M  Y  E  U  N  K  R  Q  D
D  I  A  F  R  D  A  X  V  U  T  U  U  E  K  A
D  N  G  K  P  N  I  B  T  C  G  H  S  H  Z  T
O  Y  O  L  O  D  D  E  H  C  L  Y  G  M  A  B
N  L  L  P  S  J  Y  A  R  C  T  I  G  Y  J  L
Y  N  B  X  G  N  W  F  Y  G  R  A  M  T  B  Y
D  A  O  Y  N  N  I  F  U  P  L  M  O  S  K  G
D  C  P  G  S  D  D  K  X  S  O  J  E  D  S  U
```

NAWR	YNNI
AMGYLCHEDDOL	DYFODOL
SYLW	NWY
ARCTIG	CENEDLAETHAU
GWYDDONYDD	LLYWODRAETH
HINSAWDD	DIWYDIANT
CANLYNIADAU	RHYNGWLADOL
ARGYFWNG	DEDDFWRIAETH
DATA	POBLOGAETHAU
DATBLYGU	TYMHEREDD

38 - Ciencia

```
N D A I G Y L B S E X I Q R H S
R D I F L F F I S E G J E T J R
L Y D S O Y Q M L L L U D R X P
E N S U G X H H W Y A C Z G U P
O O I Z E Y Q L A E U B H D A C
R D J A M Q R F K W C L O X X I
G D W L E P U C F Y I W C R M U
A Y H K C O T B H A H C V W D H
N W H A C B A E E I I Z Z L H Y
E G R O N Y N N A U A T A D I A
B M O L E C I W L A U N H H N R
D O F F O S I L V N M H T Q S B
U T W C E G E G E Y P P W U A R
H A M F S W Y A N W U N R D W A
N H T E A I N A C M A D D C D W
P L A N H I G I O N T N R T D F
```

ATOM
GWYDDONYDD
HINSAWDD
DATA
ESBLYGIAD
ARBRAWF
FFISEG
FFOSIL
DISGYRCHIANT
FFAITH

DDAMCANIAETH
LABORDY
DULL
MWYNAU
MOLECIWLAU
NATUR
ORGANEB
GRONYNNAU
PLANHIGION
CEMEGOL

39 - Profesiones #1

```
C Y F R E I T H I W R H Z D L C
L D H Y F F O R D D W R V D L A
W D R W P M A G L O B A M I Y R
Q Y Q L W G K D K X B B R F S T
S G X E X Y K D H O E R W F G O
T E E H G D D Y G Y L O G O E G
H L R C Y D A M A H T D G D N R
U O W Y D E H E D L M D Y D N A
J C M K D M X G A P W R N W A P
T I Y X E D S F V R P E T R D H
M E L C F D W A C W E C W T P E
I S P Q L Y H R A I N G C Â X R
U U W A I N O M D C H Y W N J J
V G C U M A C J S N B O R R M F
D A W N S I W R G A N M S S P R
P S N O N P S J L B G I U O G O
```

CYFREITHIWR   LLYSGENNAD
SERYDDWR   NYRS
MABOLGAMPWR   HYFFORDDWR
DAWNSIWR   PLYMWR
BANCIWR   DAEAREGWR
DIFFODDWR TÂN   GEMYDD
CARTOGRAPHER   CERDDOR
HELWYR   PIANYDD
MEDDYG   SEICOLEGYDD
GOLYGYDD   MILFEDDYG

40 - Vehículos

```
C X E P Z I M Z Z J F Y O H K K
W A Y N Y C W C H Y F Z S Z X V
Q X R Ê E F Y N O J E A N C C C
H O F R E N N Y D D R B U U C G
C M R T C E A V E D I B Z B L Z
P U Q I V R T E C J R I W Z M D
S H M R Y Y R U O Y O O Y F N Q
N Q L I S W A C R C L R F P D F
A E X O B A C C K B A A Z F F G
L L U N W T T O C E Y R K C S F
W M F C S A O T R I Q E A O U I
I O D Y I C R O T C R A D F P Y
B D U F Z S G W E N N O L I A W
M U L V F I K F P J T Q R H J N
A R O F N A D G N O L L K R V J
H J M C W B F Q R Q S Q V A Z N
```

AMBIWLANS
BWS
AWYREN
LLU
CWCH
BEIC
LORI
CARAFAN
CAR
ROCED

FFERI
HOFRENNYDD
GWENNOL
ISFFORDD
MODUR
TIRION
LLONG DANFOR
TACSI
TRACTOR
TRÊN

41 - Geometría

```
T  R  H  E  S  Y  M  E  G  R  H  I  F  U  O  C
H  E  S  V  F  D  I  A  M  E  D  R  V  G  K  A
E  X  T  A  E  X  E  C  L  J  M  L  K  T  U  N
O  M  À  S  R  N  W  I  S  N  E  M  I  D  N  O
R  J  D  L  T  W  T  X  N  I  M  K  P  A  N  L
I  R  J  X  I  N  R  W  K  P  F  L  B  I  K  R
M  L  Q  D  G  C  I  W  Y  J  H  J  F  L  H  I
L  L  W  V  O  Y  O  C  Y  C  Y  F  R  A  N  F
Q  O  B  J  L  F  N  Z  Y  N  T  S  P  F  I  R
O  R  D  F  T  O  G  Q  F  F  E  U  R  A  L  C
N  W  F  I  N  C  L  T  J  W  R  B  X  H  M  O
G  E  B  Y  B  H  Z  N  R  C  H  I  A  Z  O  W
L  D  K  T  Z  R  U  C  H  D  E  R  F  F  R  H
B  D  L  M  Z  O  S  E  G  M  E  N  T  I  G  N
M  O  K  R  Z  G  Y  V  W  Q  J  W  P  Z  A  A
T  L  Q  C  Y  M  E  S  U  R  E  D  D  U  Q  D
```

UCHDER	CANOLRIF
ONGL	RHIF
CYFRIFIAD	CYFOCHROG
GROMLIN	CYFRAN
DIAMEDR	SEGMENT
DIMENSIWN	CYMESUREDD
HAFALIAD	WYNEB
LLORWEDDOL	THEORI
RHESYMEG	TRIONGL
MÀS	FERTIGOL

42 - Vacaciones #2

```
B T L L R S L A H G B H Z W L E
W R L X T K B O T N A I D U L C
Y A U C R P A S B O R T S I E O
T M N U A I L Y W G Y Y S C B W
Y O I F E V X Q M A W N N M A P
S R A I T K B M Ô M A Ê Y E P T
N X U S H Q C Z R H S R R S J R
L J P A H T C P B E E T C N Y M
F C H N N Y I R M U A O U K T V
P X N E D D M A H O M L A G S X
C Y R C H F A N T N Y U X H C N
X M E G I B L H Z U L H T E N B
H P U B P M O R C C A U I Z O V
I G F Q L O L E P B G W E S T Y
B A V W K R T N Y I N B J D X X
M O M K E G Z L W T M K D F A C
```

MAES AWYR	PASBORT
PABELL	TRAETH
CYRCHFAN	AMHEUON
TRAMOR	BWYTY
LLUNIAU	TACSI
GWESTY	CLUDIANT
YNYS	TRÊN
MAP	GWYLIAU
MÔR	TAITH
HAMDDEN	FISA

43 - Baile

```
G X H X D C K H R I Q Z O V Y F
T J T E Y L O F Y H Q D K V M Q
R K E W Q B T R U V Y N Q R A F
A P A R T N E R F N S T K A R J
D L I C B I Y Y Z F Y G H M F C
D L R V W R A L C C M R V M E C
O A O F N W W Z A E U A L G R O
D W D L Z T O V G H D S A W S R
I E D E M O S I W N I L M E H E
A N R C N G J W D T A L U L X O
D D E U X S P K S I D M I E D G
O R C Z U O A C A D E M I D X R
L O R U S A L C R N Y N R O T A
A D I W Y L L I A N N O L L Y F
M Y N E G I A N N O L J D H U F
U Q G X D I W Y L L I A N T U I
```

ACADEMI
LLAWEN
CELF
CLASUROL
COREOGRAFFI
CORFF
DIWYLLIANT
DIWYLLIANNOL
EMOSIWN
YMARFER

MYNEGIANNOL
GRAS
SYMUDIAD
CERDDORIAETH
OSGO
RHYTHM
NEIDIO
PARTNER
TRADDODIADOL
GWELEDOL

44 - Matemáticas

```
O  T  G  W  V  D  D  E  H  C  L  Y  C  A  R  U
N  E  W  T  F  D  D  I  A  M  E  D  R  M  H  U
G  A  D  B  J  E  C  P  F  A  V  E  A  F  I  M
X  X  Q  H  M  R  Y  L  Z  R  B  F  L  E  F  P
O  N  G  L  A  U  F  W  D  G  R  Q  W  S  Y  Y
F  C  L  K  A  S  O  W  K  O  Q  M  C  U  D  H
I  F  O  Y  E  E  C  W  Y  L  J  R  I  R  D  O
X  C  R  U  T  M  H  D  H  E  R  B  D  Â  E  G
W  T  F  A  I  Y  R  R  U  L  X  M  N  W  G  E
P  Z  Y  F  C  C  O  F  S  A  Y  K  E  G  D  O
Z  A  C  I  B  S  G  D  U  R  O  Q  P  S  Y  M
Y  F  K  H  A  G  I  H  K  A  I  L  R  W  H  E
P  E  T  R  Y  A  L  W  H  P  E  H  E  I  J  T
H  A  F  A  L  I  A  D  N  B  C  J  B  D  S  R
U  P  T  R  I  O  N  G  L  O  G  E  D  A  I  E
P  O  L  Y  G  O  N  M  G  C  L  S  J  R  A  G
```

RHIFYDDEG	CYFOCHROG
ONGLAU	PARALELOGRAM
CYLCHEDD	AMFESUR
SGWÂR	BERPENDICWLAR
DEGOL	POLYGON
DIAMEDR	RADIWS
HAFALIAD	PETRYAL
FFRACSIWN	CYMESUREDD
GEOMETREG	TRIONGL
RHIFAU	CYFROL

45 - Profesiones #2

```
B  D  D  Y  H  T  I  E  I  L  L  C  P  D  G  N
A  I  I  W  W  Z  P  T  C  L  L  G  E  E  A  E
T  T  O  T  J  Q  Z  K  X  A  Y  H  I  I  R  W
U  A  H  L  E  M  J  X  E  W  F  A  R  N  D  Y
I  N  A  R  E  C  W  C  S  F  R  T  I  T  D  D
K  V  K  N  O  G  T  D  W  E  G  H  A  Y  W  D
X  I  K  K  G  W  Y  I  K  D  E  R  N  D  R  I
O  J  E  V  I  L  R  D  F  D  L  O  N  D  P  A
P  E  I  N  T  I  W  R  D  Y  L  N  Y  R  E  D
Y  X  G  K  B  W  I  P  J  G  Y  Y  D  D  I  U
L  Q  K  H  X  U  S  W  D  R  D  D  D  L  L  R
M  E  D  D  Y  G  I  J  G  P  D  D  S  P  O  W
A  L  W  I  T  W  E  G  O  F  O  D  W  R  T  R
O  E  N  T  V  W  F  F  F  E  R  M  W  R  Z  V
J  R  D  Z  Q  Y  Y  D  A  R  L  U  N  Y  D  D
W  T  X  W  E  K  D  D  Y  L  I  W  H  C  M  Y
```

FFERMWR
GOFODWR
LLYFRGELLYDD
BIOLEGYDD
LLAWFEDDYG
DEINTYDD
DITECTIF
ATHRONYDD
DARLUNYDD
PEIRIANNYDD

DYFEISIWR
YMCHWILYDD
GARDDWR
IEITHYDD
MEDDYG
NEWYDDIADURWR
PEILOT
PEINTIWR
ATHRO

46 - Naturaleza

```
Q Q T A Z C R B D D A Q N E C K
R I A H E D D Y C H L O N V L O
D G W Z K Y X D Z Z W F I B O B
C R E L Q O T Z Z C I W N S G Y
A O L O D O F N A H N Y J N W K
C N E V K X D D E O D D Y N Y M
D Y I D I A I L I E F I N A N D
Y A M A W T R O F A N N O L I A
N R G Y L I F S B R Z S L U F I
A C D T L W G R H E W L I F T L
M T F C C A C C Y S E G R T D G
I I T I T G U H C W D D R A H W
G G T G W E N Y N A F O N A S Y
F C G J P W P D P H Z O C P L
X M D J B L H X J Y L M Q B O L
G S I Y P C D M J C S C K X R T
```

GWENYN
CLOGWYNI
ANIFEILIAID
ARCTIG
HARDDWCH
COEDWIG
ANIALWCH
DYNAMIG
DAIL
RHEWLIF

MYNYDDOEDD
NIWL
CYMYLAU
HEDDYCHLON
AFON
GWYLLT
CYSEGR
TAWEL
TROFANNOL
HANFODOL

47 - Conduciendo

```
T R A F F I G B A H T T Q B J C
Q U M X Z I X E N I A W M A D L
B D H J S D D I N Q I N U W R U
D O D C L Y H C T B Y N N W P D
Y M L I O K J M X R D E F L E I
N I N E R U N O U A W L M Y R A
W O Q S I N T D J C L Y W N R N
L L Y D E M M U Y B D Q D D G T
B R E C I A U R Q R C L C D L R
H D I O G E L W C H T P Z Y E J
O H B R Y W D D R E C S K W Q D
P D G S Z A D G Q V V L M N Y J
I I A M U I E S A X Q G V A F Y
F O R P A A H A O U N U Q T P T
F C E R C Y F L Y M D E R G X C
V E J S E F Y R F K C G V O S X
```

DAMWAIN	BEIC MODUR
STRYD	MODUR
LORI	CERDDWYR
CAR	PERYGL
TANWYDD	HEDDLU
BRECIAU	DIOGELWCH
GAREJ	CLUDIANT
NWY	TRAFFIG
TRWYDDED	TWNNEL
MAP	CYFLYMDER

48 - Ballet

```
T Y G C C X C J A B U V D A O C
E A Y Y E P Y Y M A R F E R K O
C R N H R N M E V H S J Z S E R
H D U Y D E E F G T T B T E C E
N D L R D X R D E S Y W D G O
E U L A O Y A U M A G V H P I G
G L E U R A D K D I N N Q R D R
M L I P F R W F A R U N A W D A
Y K D Y A T Y E W O J I E S I F
M D F G N I A Z N D E X Q T E F
Y I A W O S E I S D I Z O T G I
P S J Z A T T D W R P E Y O S M
O R T O N I H N Y E A Z Y C O J
A E M U S G W N R C G K C P G K
U W L C M M Y N E G I A N N O L
T G C Y F A N S O D D W R A Y G
```

GOSGEIDDIG
CYMERADWYAETH
ARTISTIG
GYNULLEIDFA
DAWNSWYR
CYFANSODDWR
COREOGRAFFI
YMARFER
ARDDULL
MYNEGIANNOL

YSTUM
DWYSEDD
GWERSI
CYHYRAU
CERDDORIAETH
CERDDORFA
RHYTHM
UNAWD
TECHNEG

49 - Fuerza y Gravedad

```
A U A D E N A L P P D L Y M O Y
J E U A Y C Y F L Y M D E R E E
V K H T M N E F F A I T H U U P
J U E S V S A O A G V L X O Q L
C G E N A C E M D B H X L A C O
F Y Y R U V G R I I B K K U B V
F N N O N Z L P U G N A H E A O
R Y C N A Z P R O N I R V D T S
I H H T I Q W F F I S E G Q V N
T I B R O G Y E R I F T N I A M
H H J Q D X S N I R S L O N A C
I P V Q D A A Z G O O L E H C E
A S C U I K U F G E T E N G A M
N L Y B E Y M X T L W P T S R J
T C Y F F R E D I N O L W G M K
D A R G A N F Y D D I A D G G P
```

CANOL
DARGANFYDDIAD
DYNAMIG
PELLTER
ECHEL
EHANGU
FFISEG
FFRITHIANT
EFFAITH
MAGNETEG

MAINT
MECANEG
CYNNIG
ORBIT
PLANEDAU
PWYSAU
EIDDO
AMSER
CYFFREDINOL
CYFLYMDER

50 - Aventura

```
X P H A R D D W C H O O S A A C
J R E T S W A H N A I G B R K C
G C Z R U T A N F A H G P A N R
W W U B Y N F Q F N T X Z K T I
I L P B H G L P H A I W O L J X
B O I W Y L L K E R E D R W E D
D T T F C B M U N F T W I H L H
A J B A P L Z E S E W J I B F W
I N E L R E S M A R Q H D F Y G
T A E G F A N N D O D N Y S C P
H F Z W B L P U V L D T D F E D
M H D D Y N E W A L L M D P G Q
I C U Y V D D E D Y R F D W R B
P R I U A I D N I R F F W Y S T
H Y G W E I T H G A R E D D M N
C C D I O G E L W C H C F M V V
```

GWEITHGAREDD	NATUR
LLAWENYDD	LLYWIO
FFRINDIAU	NEWYDD
HARDDWCH	CYFLE
CYRCHFAN	PERYGLUS
ANHAWSTER	PARATOI
BRWDFRYDEDD	DIOGELWCH
GWIBDAITH	SYNDOD
ANARFEROL	DEWRDER
AMSERLEN	TEITHIO

51 - Pájaros

```
Q A N J X Y I U Z V O N R T U U
E H C M V M Q D P E L I C A N M
E J B B X I F R G U I Z N T M E
D O N Y R E D A T W C A N W T S
T Y E A M H P C A R P S A L W Y
D S D D Y Ŵ G B I C S K E K E R
S R A C F L O G N I M A L F F T
N G Y L O W Z L O O K P T D P S
O O W R H L M I C G F N R U N E
S B H Y P N O A I Y R Y R E G P
A E L Ë L F H M C E Â X E O E U
L H A R Y A D R E P N S P T W G
A X I C S Z N H Q N I W G N E P
R Â I W Y C Q N H P G T N Z P H
C P A R O T D M W M U V I Z K A
H V R J V G C H Y T U W U V R G
```

ESTRYS

ADERYN

ERYR

HEBOG

CICONIA

WY

ALARCH

PAROT

GOG

COLOMEN

FRÂN

HWYADEN

FFLAMINGO

PELICAN

GŴYDD

PENGWIN

CRËYR

CYW IÂR

GWYLAN

TWCAN

52 - Geografía

```
H O M Y U G U G A D X N G T A O
U U X Y E L B A E T H N O I V A
P V V W N I X W B Z S J G R H L
V R O V P Y J S C L H Y L I K E
S S A G L Q D E R D Y H E O L U
U C H D E R A D M D E S D G L Q
J G A Y G Ô F A O E X A D A E T
Z N H B O M O Z J V R N B E D V
Y H M P R N N B R Q U I T T R W
L O S A L T A G W L A D D H E M
J Z Y I L U N E A Y P G E I D T
F Q N V E H E M I S F F E R A L
V E Y U W Y X X J W M V G N A N
O W N R I D N A F Y C A S M L P
R Q D D N O P G C C N L P H C Q
R H A N B A R T H I H V K R O E
```

UCHDER　　　　　MERIDIAN
ATLAS　　　　　　MYNYDD
DINAS　　　　　　BYD
CYFANDIR　　　　GOGLEDD
HEMISFFER　　　GORLLEWIN
YNYS　　　　　　GWLAD
LLEDRED　　　　RHANBARTH
HYDRED　　　　 AFON
MAP　　　　　　　DE
MÔR　　　　　　　TIRIOGAETH

53 - Música

```
H A R M O N I G X X K L M T I J
R O X U Y B C F I C S Q E E U C
H W R J M D A S J N J S I M T Z
B Y R F Y F Y R R W N A C P L G
V H A P K U E V E J B L R O L T
S D L U U V Q C Q P N A O B E F
Z J C O F N O D I Q O W F F I Y
L O R O D D R E C W J H F H S Q
O L F J R B A L E D A N O J I V
R F S H O R H Y T H M T N M O B
U I F G D Z R G A Z U P I S L A
S O R E D Q W W P L Z V F Z U K
A K P D R D K M L Y B U G T Q Q
L N E G E Y C A N U V W N M O E
C D H Z C I N O M R A H M K X J
B A R D D O N O L C O R W S N R
```

HARMONI	OFFERYN
HARMONIG	ALAW
ALBWM	MEICROFFON
BALED	CERDDOROL
CANWR	CERDDOR
CANU	OPERA
CLASUROL	BARDDONOL
CORWS	RHYTHM
COFNODI	TEMPO
BYRFYFYR	LLEISIOL

54 - Enfermedad

```
G L H O R N W F G B C J P A A I
L O B E T A F G Z K I O H T C E
V R V Z I A F Z E M S C R O A C
O C G L O N F E G N I E M F I H
E R I D Z O T K L L E S O A F Y
P O T E N L P U T L W L R L T D
T N E R V A N T S X C U D E H D
W I N R Y G S E I P D A N R E E
L G E H T A P O R W I N Y G R N
S L G C U Z H M A U G E S E A W
J K I X M T D C Y S U G X D P I
C L O D D E F I T E H O I D I M
Q X F B D X B U W G Y H G A G I
U S E T Y T Z K I G M T R U W L
L L X S E P M K C X T A S X A E
O Q J B A R X L A M U P Z S N A
```

ACIWT	ESGYRN
ALERGEDDAU	LLID
LLES	IMIWNEDD
HEINTUS	MEINGEFNOL
GALON	NIWROPATHEG
CRONIG	PATHOGENAU
CORFF	ATEBOL
GWAN	IECHYD
GENETIG	SYNDROM
ETIFEDDOL	THERAPI

55 - Actividades

```
G  T  O  S  R  T  S  F  B  T  R  X  G  N  G  I
N  A  L  E  H  L  Z  F  E  M  Y  H  J  U  W  Q
S  G  R  E  S  E  L  P  V  N  C  T  C  A  E  K
H  W  W  D  U  H  W  W  E  W  E  Q  U  B  I  S
E  E  V  C  D  E  W  F  V  S  S  L  M  E  T  A
I  R  I  N  G  I  A  Y  L  H  V  B  L  D  H  U
C  S  C  Z  H  J  O  I  S  N  W  A  D  R  G  Y
I  Y  E  A  R  A  Ï  Y  M  L  A  C  I  O  A  B
O  L  R  P  Z  M  N  G  W  K  K  F  F  D  R  D
U  L  A  O  L  D  W  O  E  Z  Y  V  C  D  E  H
G  A  M  S  K  K  G  Q  O  M  N  K  W  I  D  G
G  L  E  A  T  O  G  S  Y  P  A  Q  F  D  D  P
X  A  G  U  A  T  F  F  E  R  C  U  B  N  Y  V
H  A  M  D  D  E  N  L  T  R  B  L  O  Q  G  K
D  X  T  Z  B  P  Y  E  S  Y  L  W  D  N  V  X
X  I  Q  G  B  M  Y  C  G  W  A  U  H  Q  U  C
```

GWEITHGAREDD	GEMAU
CELF	DARLLEN
CREFFTAU	HUD
DAWNSIO	HAMDDEN
GWERSYLLA	PYSGOTA
HELA	PLESER
CERAMEG	YMLACIO
GWNÏO	POSAU
DIDDORDEBAU	HEICIO
GARDDIO	GWAU

56 - Verduras

```
S Y L G O G I B S G R M B P H K
Y I T W W Z J R T A S Y O F K I
P O N O I N U N O R O M I B W R
Y T A S T J U E M L U Z H K U G
K V L U I A U P M L Y K R B R S
B Y P K L R T M M E Q Z R I G W
X H G A S D F W R G A M A L V O
Y F G S R M C P S O V R D N R A
C S E L E R I I D V W L I C B V
X G E X P M T A W H D O S S O B
A G H I D X B M U C D T H A V T
A R T I S I O G W R Y A D L K X
B R O C O L I N M A W M B A X D
J A R E X M M U V D E O B D U F
G T K Z P A L I J A L T O R F Y
E A L Y I G S U E M O P X B C Z
```

GARLLEG	SINSIR
ARTISIOG	MAIP
SELERI	OLEWYDD
EGGPLANT	TATWS
BROCOLI	CIWCYMBR
PWMPEN	PERSLI
UNION	RADISH
SALAD	MADARCH
SBIGOGLYS	TOMATO
PYS	MORON

57 - Astronomía

```
T D R Z C W V R G B T F Y D Y T
V A H V P O M X H R L E X I J E
T G X D W A S Y D Y B A O J L L
G W T C Z E I M W B N F N E V E
A F L L Y S R A O M Z O I E Q S
S D R M E T E O R S N N U P D G
T J C U C A L K Y H T H Q G D O
E R G J Z L I P W M S C E T E P
R W O J W T W J A Z J W P A R Q
O D F I D H F J S I V U V L D F
I D O J W T E K V G K O N X Y Q
D Y D L L E S P I L C E T S L U
F R W K R A E A D D E C O R E U
N E R E O L L C Y T S E R N B U
F S H W D A U E L L W X C G M F
D T B W Q G R X Z R E K E H Y W
```

ASTEROID
GOFODWR
SERYDDWR
AWYR
ROCED
CYTSER
COSMOS
ECLIPSE
EQUINOX
GALAETH

LLEUAD
METEOR
ARSYLLFA
BLANED
YMBELYDREDD
LLOEREN
UWCHNOFA
TELESGOP
DDAEAR
BYDYSAWD

58 - Tiempo

```
C O B B Q D M K D H F N I Z N Y
F B N D D Y D R E N N A H J T F
Z L G Z Y D Y D D J C F Z A Q K
P B C G L F I R N A C Z T I Q S
Q N P O O G O O F M A B P R O H
Z B D B D K N D W I D D E H Y G
D Y Z C D D O B O S Q Y H I S U
F C I O Y U S C X L B R B D Z H
J R T L N N F A M T D C Q B P H
D P Q C Y U W L S O E R O B Z K
U L L K L M T E I Q G F Y T L U
R W A N B Y J N T E A G H Y A N
W Y T H N O S D D J W L Y S Y Y
A O Y A Q S B R S D D U X L D B
C L G Y P N E U D I O Q Y M O W
T R O B L W Y D D Y N E A O W W
```

NAWR
CYN
BLYNYDDOL
BLWYDDYN
DDOE
CALENDR
DEGAWD
DYDD
DYFODOL
AWR

HEDDIW
BORE
HANNER DYDD
MIS
MUNUD
SYLW
NOS
CLOC
WYTHNOS
CANRIF

59 - Paisajes

```
R R D V T T R S R O G N E Q I M
X O G T R E B A D H C O Y I H Y
X L S Z A F F L W G A R D N U T
G D R X E I I R E M R E U A B T
A C U Z T L Q U R O Y N A Z T O
L L Y N H W S B D G A N P D O O
N J C K N E Â I D D Y N Y M R G
H R R X Z H V A O M W O Q D Y O
I H T X T R Ô M N Y R F F Y D F
G E Y S E R L Q I X L A Q S Z F
X J U N V D R Y P E N R H Y N R
N R D O V O O Y N Y E K V U Q W
J C T I D G H Y J Y S R I E N J
E L E X U K C M C E S L L G O M
V L L O S G F Y N Y D D Z G K P
I Q H V R L J A N I A L W C H L
```

RHAEADR
OGOF
ANIALWCH
ABER
GEYSER
RHEWLIF
GWLFF
MYNYDD IÂ
YNYS
LLYN

MÔR
MYNYDD
WERDDON
GORS
PENRHYN
TRAETH
AFON
TUNDRA
DYFFRYN
LLOSGFYNYDD

60 - Días y Meses

```
T  H  R  E  H  C  R  E  M  D  D  Y  D  O  D  I
R  K  S  F  F  T  K  S  E  I  Y  O  Q  A  C  U
K  H  V  P  A  R  I  K  K  C  I  D  E  M  O  M
B  E  H  W  N  I  F  E  H  E  M  S  D  D  L  J
J  B  E  W  N  C  H  W  E  F  R  O  R  S  I  M
H  Y  D  R  E  F  T  D  N  Y  B  N  W  T  U  K
J  A  E  A  F  G  R  Y  P  V  A  H  A  A  V  L
G  V  H  C  F  S  W  D  T  A  W  T  N  C  Y  L
C  S  P  W  R  Y  A  D  D  B  S  Y  O  H  I  I
W  A  X  A  O  U  M  S  K  Y  T  W  I  W  D  R
B  C  L  X  G  A  D  A  F  F  D  Z  L  E  A  B
U  Q  A  E  N  I  D  D  Q  Q  I  D  T  D  E  E
E  Z  F  P  N  D  Y  W  C  O  O  J  L  D  S  D
E  B  H  R  G  D  D  R  T  S  A  C  H  L  Y  O
F  Z  Z  O  N  Y  R  N  I  W  A  N  N  Z  U  Z
B  L  W  Y  D  D  Y  N  P  R  D  U  A  X  I  N
```

EBRILL	DYDD LLUN
AWST	DYDD MAWRTH
BLWYDDYN	MIS
CALENDR	DYDD MERCHER
DYDD SUL	TACHWEDD
IONAWR	HYDREF
CHWEFROR	DYDD SADWRN
DYDD IAU	WYTHNOS
GORFFENNAF	MEDI
MEHEFIN	

61 - Biología

```
U Y N F I Y N D A L G I E R T E
P L A N H I G I O N D D N N F S
F P S Y N A P S E B X I S A X B
C R O M O S O M I F B E Y T O L
M J H G J I K V E X G P M U C Y
H O R M O N I E T O R P R R E G
U C S K M O T E Q U E M I I L I
E Y F U Y R K G B S E B W O L A
O M L F A W N E G A L O C L A D
R S I S O I B M Y S C N Q D M H
P F M V C N A O N L E T E A A G
F V J O Z X O T K Q M P E R M R
Y P Z N S U M A M V B J D R F A
J R L S S I V N T N R T Z I I T
X X E K I O S A Q O Y L F M Z A
Y M L U S G I A I D O M Q J S Z
```

ANATOMEG
BACTERIA
CELL
COLAGEN
CROMOSOM
EMBRYO
ENSYM
ESBLYGIAD
HORMON
MAMAL

TREIGLAD
NATURIOL
NERF
NIWRON
OSMOSIS
PLANHIGION
PROTEIN
YMLUSGIAID
SYMBIOSIS
SYNAPSE

62 - Jardinería

```
C B E R L L A N S V E S W L N T
X O P R F Q J D V S R R B G J Y
Y G M L P N O L Y D B R H R F M
R Y F P Z E C G M H C R W G C H
D R B X O P Q E Z Z O O Y B T O
L Y W A B S M A F N Q O Z P D R
D N Y F J K T B L O D A U Q D O
D Z T L U O V W G J N U L T A L
I U A H T E A G O W Y H R H I L
R Ŵ D D W A S N I H D U D A L E
P B W E G S O T I G O J F D S B
R F Y T U S W I P H L P Y A H I
C Y N H W Y S Y D D B Q Y U F P
M W L L E I T H D E R H H E T P
A Q E H Y S U O I L H D T X Q R
R D B E B P H B O T A N E G O L
```

DŴR
BOTANEGOL
HINSAWDD
BWYTADWY
COMPOST
CYNHWYSYDD
RHYWOGAETHAU
TYMHOROL
EGSOTIG
BLODYN

BLODAU
DAIL
BERLLAN
LLEITHDER
PIBELL
TUSW
HADAU
BAW
PRIDD

63 - Barbacoas

```
C V T R T I I T Q H P L Z Y L I
B Y G R I L L Q B H L A V L F T
N Z W F F R W Y T H A B R S F I
B R K I D N N N O N N A J O A L
A P B U Â M O E D H T E O P F L
O J F Y V R I L L Y L L Y C W Y
M U E F H Y H A F S U L U E T S
K L N R H I T H U W A Q I U Q I
T M R F B H R K L A M L G A Y A
Y B P O U D Y N D S E X A I X U
G F W W M Q S C E X G U Y D M C
T O M A T O S I Z W F L K N A B
G E Y R D B N N M Q Y V E I B U
V P K Q Q V I I H E L N Q R Q Z
U H T E A I R O D D R E C F C J
F C K D X J F A P U P U R F J M
```

FFRINDIAU
POETH
SYRTHION
CINIO
CYLLYLL
SALADAU
TEULU
FFRWYTH
NEWYN
GEMAU

CERDDORIAETH
PLANT
GRIL
PUPUR
CYW IÂR
HALEN
SAWS
TOMATOS
HAF
LLYSIAU

64 - Ropa

```
U A V M O A R C F R T M D G E S
P D J H J L B C H F F C D W V U
N N L O X C M C M T A U W I H W
B A B N J H R W I Z G S I S P U
C B J N W C H P N H E T I G N W
N O G W R E G Y S S G Ô Q W N K
T D E L H C I E R B F C R I N O
R Y G P F S A M A J Y P N A G J
E C P Y M W G O D E F F E J W U
G J E E K O M A Y P A N T S E P
S A N D A L A U R W S Y W H C C
G F H E C B L E R F S P V G H R
L T W C L H T X S T F Z N E A Y
E B G A M E N I G G Z L T R T S
V H T I A W M E G Z I G F E W F
L T D S O F E P U L K D O K O P
```

CÔT
BLOWS
SGARFF
CRYS
SIACED
GWREGYS
ADNABOD
FFEDOG
SGERT
MENIG

GEMWAITH
FFASIWN
PANTS
PYJAMAS
BREICHLED
SANDALAU
HET
CHWYSWR
GWISG
ESGID

65 - Meditación

```
D A W E L N G Y H H J A M Z S D
C X L Y U A N X N C Y N E I Y I
Q E Y C T T Q K I W D A D H M S
S V S I S U E H D R G D D N U T
M D D Y W R S U P A H L W V D A
O E T O S T U R I G E U L E I W
S X D C A R F R H H P Q U G A R
H C W D D E H G K C Y O Y L D W
L O I L Y D D E M L L B M U K Y
P H X Z Q L I B H O A N H R D D
O B W L A G I J M I G D X D E D
E M U S I M O A F D J S F E R K
S A F B W Y N T U L Q Y O R B I
E M O S I Y N A U G M C T Q Y E
C A R E D I G R W Y D D V E N U
C E R D D O R I A E T H J R Q V
```

DERBYN	MEDDWL
SYLW	SYMUDIAD
CAREDIGRWYDD	CERDDORIAETH
DAWEL	NATUR
EGLURDER	HEDDWCH
TOSTURI	MEDDYLIAU
EMOSIYNAU	SAFBWYNT
HAPUSRWYDD	OSGO
DIOLCHGARWCH	ANADLU
MEDDYLIOL	DISTAWRWYDD

66 - Café

```
B F T J S V J F E U J I W Q L N
E G Q R N P N L M S H P P S O P
R H O S T T J I D M Y R W T U
O F R Q C P A H S L Q A I N F Z
B X I I O F I R M K Y L S B A Z
L C J N E F U H H Z N P W Y K Z
Q I H T E A L L D Ŵ R G D Z H K
L F N W Z D A I D D R A T R I H
S C S F E B M M G D W Y S D D W
V A V I A R R Z B M F R V U L X
K F L L W S W R L H K Y I Z O F
G F Z Y J G I E A R N A M D C L
U E S H G V R D S C K Q I I P Y
L I A R O G L R I T F Q E O K Z
T N A P W C J E K G S C Y D Y T
A M R Y W I A E T H K P N O V E
```

DŴR   LLAETH
CHWERW   HYLIF
AROGL   BORE
RHOST   MALU
SIWGR   DU
ASIDIG   TARDDIAD
DIOD   PRIS
CAFFEIN   BLAS
HUFEN   CWPAN
HIDLO   AMRYWIAETH

67 - Libros

```
C D E U O L I A E T H U R Y A S
M E I L G L Q Z E W N G Q S Y B
F H R B U D D S O D D I Z G C M
A L O D A I L G S A C S S R G P
D W T A D D O N I O L A K I D C
R B S Q K P Q D B I I R C F P Y
O L O D D Y S E N A H T H E E F
D F L X P I E F L K O T N N R R
D H T E A I N O D D R A B E T E
W A P W N U T S E D D Y C D H S
R N I D D Y N E L L R A D I N W
T T N E L A D U T Z H O L G A H
I U I G T A W D S K L O U L S B
B R Z O P A Z D O T N S H T O I
W Q F P T X J L U L G V Y P L P
N O F E L V X T U R L V F T V R
```

AWDUR	DARLLENYDD
ANTUR	LLENYDDOL
CASGLIAD	ADRODDWR
CYD-DESTUN	NOFEL
DEUOLIAETH	TUDALEN
YSGRIFENEDIG	PERTHNASOL
STORI	CERDD
HANESYDDOL	BARDDONIAETH
DONIOL	CYFRES
BUDDSODDI	TRASIG

68 - Los Medios de Comunicación

```
D A I F F A R G R A X R K E E H
P I F F E I T H I A U N K P K T
A J G S Y D D A W K C R C R P U
L H T I A W D Y W H R U O U U X
S K N R D Z C D I W Y D I A N T
C E D P C O G Y M V F N K D V C
M Y U M T I L K H X B N H D L Y
A B F S C D O H K O A L M E O L
R Y S A B A E A Y J E W J W H C
L T U K T R L V D J L D O G C H
E X N J V H L I L Z L T D A A G
I M I G W H R P K M U E U U N R
N Q E B A R N E C I N L A I S O
C Y L L I D B E B P I E C A A N
D E A L L U S O L U A D P A M A
J U N I G O L N J X U U P N F U
```

AGWEDDAU
MASNACHOL
CYFATHREBU
DIGIDOL
ARGRAFFIAD
ADDYSG
AR-LEIN
CYLLID
LLUNIAU
FFEITHIAU

UNIGOL
DIWYDIANT
DEALLUSOL
LLEOL
BARN
CYHOEDDUS
RADIO
RHWYDWAITH
CYLCHGRONAU
TELEDU

69 - Nutrición

```
W  H  C  T  B  W  Y  T  A  D  W  Y  Q  C  O  Z
G  A  L  O  R  Ï  A  U  U  O  S  D  E  I  E  T
C  A  R  B  O  H  Y  D  R  A  D  A  U  M  E  S
D  C  L  S  K  M  L  Y  G  F  E  R  U  A  P  O
O  Z  H  Y  E  G  Z  H  V  W  F  F  G  E  L  C
X  Y  O  W  R  H  I  C  U  N  E  G  U  T  E  J
A  H  A  B  E  N  M  E  R  S  U  N  S  H  S  C
S  W  F  T  S  R  F  I  M  E  D  B  W  A  U  F
O  D  D  Y  D  Y  F  N  W  A  R  G  Y  W  Y
W  O  J  C  F  N  I  M  A  T  I  F  J  B  N  S
A  N  S  A  W  D  D  F  R  I  L  B  L  A  S  D
V  L  R  G  Q  L  B  K  Y  A  U  A  S  Y  W  P
Y  O  H  Z  F  E  B  K  D  C  E  B  O  W  K  E
A  R  C  H  W  A  E  T  H  H  R  D  H  K  F  R
O  B  Q  P  W  U  A  N  I  E  T  O  R  P  A  M
J  B  M  U  E  B  A  S  T  G  T  E  E  Q  Q  G
```

CHWERW	EPLESU
ARCHWAETH	MAETH
ANSAWDD	PWYSAU
GALORÏAU	PROTEINAU
CARBOHYDRADAU	BLAS
GRAWNFWYDYDD	SAWS
BWYTADWY	IECHYD
DEIET	IACH
TREULIAD	GWENWYN
CYTBWYS	FITAMIN

70 - Edificios

```
X Q C A D X N A K B L Z X H U P
R K D A N H C R A F H C R A T R
Y S G O L Q C S Z E V R D I H I
T F S U T F A Y W Q H Z Y I R F
Y L X J P Q B L H M Z O T A W Y
B R K V H M A L I L M C S I Y S
S G Q L W O N F P H S T U R D G
Y A H I U P S A Z T H E A T R O
Y S G U B O R T F F L A T A O L
W Y H E X T M S E I J M M F B J
O E A E M F K O Z L L E W F A L
O E G I Q E F J W Z P N R T L T
C A S T E L L E G C B I A A L W
N T M Y D M Q M R Y T S E W G R
S T A D I W M R J M M B D L N R
K A M G U E D D F A N P E E O Y
```

HOSTEL

FFLAT

CABAN

CASTELL

SINEMA

YSGOL

STADIWM

FFATRI

GAREJ

YSGUBOR

FFERM

YSBYTY

GWESTY

LABORDY

AMGUEDDFA

ARSYLLFA

ARCHFARCHNAD

THEATR

TWR

PRIFYSGOL

71 - Océano

```
N O D D I Z M L C Q A Q G H D R
I S O N N Q B C W C H L Y R A Y
F L G B E R D Y S F R M G S B K
F D S Y L K H M R O T S D Â V W
L A Y A A U U O X G C E S B U Y
O Q P D H F P R W Y U O R X X S
D C Q N I Y T F P U L C S I V T
V D I S H T U I A B R T W Q C R
T Q G Q J Q U L Y M M O C N L Y
S G L E F R O D M Ô R P T N D S
T I W N A S L L A N W W K O V N
Q D A O U I P H L P F S W T P X
N A S M O A L L Y S Y W O D Q F
F M U Y L R Q N B B V Z Z K N E
N A B W R C I C R A N C O X M Y
E P D G K X C W R E L C D Q Q Q
```

ALGÂU	NODDI
GWYMON	LLANW
LLYSYWOD	SGLEFROD MÔR
TIWNA	WYSTRYS
MORFIL	PYSGOD
CWCH	OCTOPWS
BERDYS	HALEN
CRANC	SIARC
CWREL	STORM
DOLFFIN	CRWBAN

72 - Ciudad

```
Q S Y T C Q S F Q M M R M U Q S
Z P P S P B J T T V A I W B F J
S I O P L Y F R A U E X Q P G S
E S S Y W U T T V T S M G C C L
M W I D A T S I O P A N Z B F L
N D A N H C R A F V W L K H H E
A F D D E U G M A T Y T S E W G
D P U G B M K O M X R U Y A F R
D N Q F A U A D O L F P O I S F
L U J V N P R I F Y S G O L N Y
Z E O U C I N I A I P U C J T L
C L I N I G T H E A T R A P S L
K O A R C H F A R C H N A D W F
I G E M O F F E R Y L L F A G H
J S B E C W S W Y S L J K L X Z
H Y F H O I C Y P L S I G Z D Y
```

MAES AWYR	GWESTY
BANC	SIOP LYFRAU
LLYFRGELL	FARCHNAD
SINEMA	AMGUEDDFA
CLINIG	BECWS
YSGOL	ARCHFARCHNAD
STADIWM	THEATR
FFERYLLFA	SIOP
SIOP FLODAU	PRIFYSGOL
ORIEL	SW

73 - Conservación

```
N H G W I R F O D D O L W R L O
A I E C Y L C H X F R Y U R A Y
T N C L A M G Y L C H E D D O L
U S O I D Z I W M C W F D S L C
R A S E J E N D J Y V I X Y H J
I W Y C F M A A D N J A Z P R N
O D S H B Q G I U E C I M D Y P
L D T Y L U R L A F D L A G W V
G E E D D G O A D I S G G L D T
L Q M W G R S N A N C Y W F D G
L L E I H A U Y I S C L Y W A Q
J C C U R Q A C D Ŵ R C R E L X
L L Y G R E D D I D I H D G A R
Q N V I Q I U T W E A U D T L C
T N N L D J M V E V F M S M P C
L Q M I D D D B N Q A N M Y H A
```

DŴR
AMGYLCHEDDOL
NEWIDIADAU
CYLCH
HINSAWDD
LLYGREDD
ECOSYSTEM
ADDYSG
CYNEFIN
NATURIOL

ORGANIG
PLALADDWYR
PRYDER
AILGYLCHU
LLEIHAU
IECHYD
CYNALIADWY
GWYRDD
GWIRFODDOLWR

74 - Agronomía

```
D G X E H F G L L Y G R E D D N
H G U C Q F O W H A D A U R G A
D W A O C E B R L K D L O R Y T
F R M L Y R O A G E C Q G U A L
L T E E S M I M U A D Y F E L C
A A T G V I Y G H X N I N C U U
S I S Z M O G Y C L L I G Y K P
T T Y N N I J L R L E P G N O L
U H S I D C L C Y Y R N A A S A
D O B A N D A H H S Z D D L L N
I U U M K U J E N I T C D I W H
A P X E S J T D Y A I M Q A Y I
E W S C D Z Z D C U V W M D B G
T W K R R Ŵ I D Z M U R F W T I
H V J H D E R N O S Z B W Y A O
G W Y D D O N I A E T H L F J N
```

FFERMIO
DŴR
GWYDDONIAETH
LLYGREDD
TWF
ECOLEG
YNNI
CLEFYDAU
ASTUDIAETH
GWRTAITH

ADNABOD
AMGYLCHEDD
ORGANIG
PLANHIGION
CYNHYRCHU
GWLEDIG
HADAU
SYSTEMAU
CYNALIADWY
LLYSIAU

75 - Deporte

```
B L O W P X C I E C H Y D S Z T
O W S Z Q K I H C W N G Y D F S
X U H Q G B C Z W C Y H Y R A U
S Z C V I I O H D A B D W I K S
Y E J G Y T R R O J R E H F V R
B D E Y V L F Z E S K A I K V W
R M R K G U F B P R T V E C P O
W N E U D Y G O R A U T I O I Y
D E D L Y K I M A E T H N L N O
D L F L M R L L B Z V D O N R K
R G Y A E Y O D K H J E F P Y Z
O A R G S R B W E A W W I D G N
F H C L T N A R L I X P O I S B
F R N L Y A T U U C E X J E E J
Y V H I N V E X P N V T S J J C
H U I W H G M O D A W N S I O I
```

DAWNSIO
GALLU
BEICIO
CORFF
CHWARAEON
DEIET
HYFFORDDWR
YMESTYN
CRYFDER
ESGYRN

WNEUD Y GORAU
NOD
METABOLIG
CYHYRAU
I NOFIO
MAETH
RHAGLEN
DYGNWCH
IECHYD

76 - Ingeniería

```
D A G I S X R D C E O A M L L W
W Y K G A M U I N N Y D G T S D
P Z F I L Y H A D N L E S E I D
K J W N S E T G I S G I B S K A
D H Q N D R Y R A O Q L Q P R I
U O H Y E E W A M N F A L N M F
E S S C N D R M E G M D K Q L I
O C I B T F T R D L S U R C B R
E V H D A Y S O R D H C L Y C F
M P E E H R U D O M K W L P D Y
J Q E N L C T N A I R I E P Y C
H H S T N A I H T I R F F P B U
M H D P P W M L U M A F C A Q W
B F D C F W I C M K M E S U R G
S E F Y D L O G R W Y D D F J T
W E G S S X R Y S C Q M G T E S
```

ONGL
CYFRIFIAD
ADEILADU
DIAGRAM
DIAMEDR
DIESEL
DOSBARTHU
ECHEL
YNNI
SEFYDLOGRWYDD

STRWYTHUR
FFRITHIANT
CRYFDER
HYLIF
PEIRIANT
MESUR
MODUR
CYNNIG
DYFNDER
CYLCHDRO

77 - Comida #1

```
E W L G I C Z P O T G M V T T G
Y K P E U N I O N B A E K W R E
V S J L W A C V F V Z F L N C B
O A Q L U S S I W G R U T R O J
T G V R A B H R Z M T S K F J Z
L I S A B I P O I Y A I O M Z T
H P W G A G Y L L E G I U S O L
A S I N W O B A T H D Y P I U V
L T T R A G I B I N A D D I A H
E W S E S L M O Q W L M U X O Z
N N L S M Y T N O M A N I S Q Y
K F L X U S G X L D S M O R O N
V M A M X R S M J J Q N K W O J
S X E R Y H Z N O V C B K U Q L
S R T Z L E M O N T P A M P F R
Y B H C P F Z D T N C Q B L H Y
```

GARLLEG
BASIL
TIWNA
SIWGR
SINAMON
CIG
HAIDD
UNION
SALAD
SBIGOGLYS

MEFUS
SUDD
LLAETH
LEMON
BATHDY
MAIP
GELLYG
HALEN
CAWL
MORON

78 - Antigüedades

```
V K V K Y X A O R I E L W W B A
Z N O Z C L N G K N S X R K U R
U A D W A U A D W A G E D G D W
A I H H N I R A Z E X Y S E D E
D R Y K R Q F D R B R O T M S R
O A D C I F E D H E N T L W O T
D U D D F S R U F A G R H A D H
R A W T U Y O R S O P G N I D I
E N A N L L L N I A C K C T I A
F R S G E I L O R V S B O H A N
N A N X J D F L P A L P O W D T
J D A O P H L F K D R X R D D B
G M L Z H Q N U L F R E C Z F Y
B T B R Y X B F V E X D N E Q G
D L H F F N P Q N R C U B I Y V
S O Q E O I M Z J G W F A R M G
```

CELF
DILYS
ANSAWDD
ADDURNOL
DEGAWDAU
CAIN
CERFLUN
ARDDULL
ORIEL
ANARFEROL

BUDDSODDIAD
GEMWAITH
DARNAU ARIAN
DODREFN
PRIS
ADFER
CANRIF
ARWERTHIANT
GWERTH
HEN

79 - Literatura

```
B A R D D O N O L L U D D R A K
V H T E A I B E T A F Y C T W C
S K I O I I Y K X F S F E H F E
M P Z C S O F U D J F B O E O R
D F E X O S G F V S I U F M D D
W L V Y R E T N A R Y L G A L D
D V E B T G T O R R O J A L D T
A W D U R B S F K H G V H S E W
I D G K G X X E G Y Y W M M W N
L E P F S M D L Z C B T Y F H D
G U D I S G R I F I A D H B C E
S A D R O D D W R M Z T C M Q I
A X N Q P E D R Y C H I N E B A
C H U S Q T Y S U I E D C O F L
C Y M H A R I A E T H T O Q A O
D A D A N S O D D I A D W Z M G
```

CYFATEBIAETH

DADANSODDIAD

CHWEDL

AWDUR

BYWGRAFFIAD

CYMHARIAETH

CASGLIAD

DISGRIFIAD

DEIALOG

ARDDULL

FFUGLEN

TROSIAD

ADRODDWR

NOFEL

CERDD

BARDDONOL

ODL

RHYTHM

THEMA

DRYCHINEB

80 - Química

```
C Z T E X F H M I V M I A R B L
A B U A L E T E M L O O D I S A
R S H N B H N E D U L N W E C I
B X A W A Z E S D I E M A S L V
O Q L A M J G E Y S C N I L J Y
N X E L P J O R L M I W T L U F
S A N Z E P R W A I W Y H F T L
G A I B D O D G T A L Y N U K B
O C R Z C C Y R A E L C W I N P
R D O D P S H B C O Q A Y C O W
H U L D D I A Ï L A C L A J F Y
R Y C P K G H E E K E O F I L S
X E L D D E R E H M Y T W O J A
W L Q I O N O R T C E L E Q Y U
Y Q M N F Q K A N O M W D I J L
Y X U T N Q F D X P H B F U I E
```

ALCALÏAIDD	ION
ASID	HYLIF
GWRES	METELAU
CARBON	MOLECIWL
CATALYDD	NIWCLEAR
CLORIN	OCSIGEN
ELECTRON	PWYSAU
ENSYM	ADWAITH
NWY	HALEN
HYDROGEN	TYMHEREDD

81 - Gobierno

```
D I N A S Y D D I A E T H Q C D
B C S Y M B O L L A D R A W E E
R E D N W A I F Y C R G D O N M
A N X W O C T H J A A W M E O
N E Z E D I G K T D D S I B D C
N D C H H G U R I K K Q L T L R
I L R W N I V P A C H Z R E H A
B A M H T E A I R W D A L W I T
Y E B G Y T R A F O D A E T H I
N T A K M D Y I Y F E Q V F X A
I H R L R M D E C N H B Q N Y E
A O N L T L Y I H A W L I A U T
E L W Z N N X Z D W A K N C D H
T M R C Y D R A D D O L D E B H
H T O C Y F A N S O D D I A D R
Q V L I F I S A R W E I N Y D D
```

DINASYDDIAETH
SIFIL
CYFANSODDIAD
DEMOCRATIAETH
HAWLIAU
ARAITH
TRAFODAETH
ARDAL
WLADWRIAETH
CYDRADDOLDEB

ANNIBYNIAETH
BARNWROL
CYFIAWNDER
CYFRAITH
RHYDDID
ARWEINYDD
HENEB
CENEDLAETHOL
CENEDL
SYMBOL

82 - Creatividad

```
Q  N  T  B  Y  W  I  O  G  R  W  Y  D  D  L  T
M  D  D  E  S  Y  W  D  E  L  W  E  D  D  T  E
K  W  R  J  I  D  D  O  S  D  D  U  B  Q  P  I
E  P  M  R  P  M  M  J  T  J  Y  F  H  W  C  M
C  W  Y  R  J  E  L  L  E  M  Y  G  I  D  S  L
S  R  C  U  D  R  U  A  N  Y  I  S  O  M  E  A
A  I  I  D  G  T  T  D  D  E  F  I  L  Y  H  D
E  R  Y  S  B  R  Y  D  O  L  I  A  E  T  H  A
G  D  T  D  I  L  Y  S  R  W  Y  D  D  H  B  U
L  R  B  I  A  R  G  R  A  F  F  Q  K  O  O  A
U  A  G  W  S  P  D  V  A  Y  D  S  W  P  Q  D
R  M  O  E  V  T  G  O  S  B  Y  D  W  P  S  A
D  A  H  N  B  W  I  U  Y  Y  G  X  E  B  P  I
E  T  R  M  U  H  E  G  N  W  R  A  T  R  Z  N
R  I  A  M  Y  N  E  G  I  A  N  T  L  D  G  Y
N  G  Y  M  Y  H  C  Y  D  G  T  M  K  V  D  S
```

ARTISTIG   DELWEDD
DILYSRWYDD   DYCHYMYG
NEWID   ARGRAFF
EGLURDER   YSBRYDOLIAETH
DRAMATIG   DWYSEDD
EMOSIYNAU   GREDDF
DIGYMELL   BUDDSODDI
MYNEGIANT   TEIMLAD
HYLIFEDD   TEIMLADAU
SYNIADAU   BYWIOGRWYDD

83 - Filantropía

```
R N U E F P E U H Y C T S W I B
C H O S U D D E O H Y C E V M Y
R T A D D D Y W R T S E N O G D
O E F G A O D I Y E Y Z A X I E
N A X N L U T Z S A L F H R E A
F D Y T M E T A D I L L Y C U N
E A D B F R N U Z L T A V M E G
Y H W P R A A N H O I U X S N B
D N D O B Z L K I N A A Z T C V
D E Z N D F P D N Y D I X H T N
Q C X H V R E Y O D A P J L I Y
C Y M U N E D B I E U W O D D J
P E L U S E N F L H M R E B C Q
D L X S D N D J E A N G E N L Y
H A C O C Y U S A C H R X C C H
W N G Z Q S X P H B K L S Y U V
```

ELUSEN
CYMUNED
CYSYLLTIADAU
CYLLID
CRONFEYDD
HAELIONI
POBL
BYD-EANG
GRWPIAU
HANES

GONESTRWYDD
DYNOLIAETH
IEUENCTID
NODAU
CENHADAETH
ANGEN
PLANT
RHAGLENNI
CYHOEDDUS

84 - Clima

```
C Z B X S B A B T N Y W G X S L
D B J Y Y Y Z J Q O V T H F W L
S Y C H C D B X M O R Y T B J I
O I V C H C K G D X A N U H W F
I V S L D M E L L T L C A M H O
N Z G Y E Z R V R N O W N D L G
D B Y G R U G V H Y P M A D O Y
U S N R N A Y W M W Q W R E N D
Y Z W Y K W A W Y R L L A R N D
T V I W Y E Â W Z O O H T E A D
N K P A S L W I N C A T L H F W
J Y X A W R G S Ŵ U U P S M O A
M S Z C Y H G Z S W K X D Y R S
T D S O X D S J N V S T M T T N
N Z T K Q K E F O S L J P V P I
H O P L H F E E M N J O N H G H
```

AWYRGYLCH	POLAR
AWEL	MELLT
AWYR	SYCH
HINSAWDD	SYCHDER
IÂ	TYMHEREDD
CORWYNT	STORM
LLIFOGYDD	TORNADO
MONSŴN	TROFANNOL
NIWL	TARANAU
CWMWL	GWYNT

85 - Comida #2

```
F E Q B T D T T M W L T S W A C
C I W I N Z G O I S I T R A L S
R D L C Y Z L M C Y W I Â R M E
C E I R I O S A N A N A B B O L
V T R Z C Z K T F L D W I A N E
D Z Q Q I W O O G A L A G R K R
E G G P L A N T P R S D W A F I
L N I L V E Y E N Y A Y Y D O H
C R T D Q D K X L J S W M S X Q
O A N V H S E U K B R G N S H M
I I O G W R T K R E I S O W T S
S Z Z M M L I Z Q M I L O D I V
M K N I Q N H K B E Y W A W N N
S M K Z R C M J C Y V J P K E L
I K B O E W V I T F K O C T W K
E C H E F A N T S I N S I R G T
```

ARTISIOG
ALMON
SELERI
REIS
EGGPLANT
CEIRIOS
SIOCLED
WY
SINSIR
CIWI

AFAL
BARA
PYSGOD
BANANA
CYW IÂR
CAWS
TOMATO
GWENITH
GRAWNWIN
IOGWRT

86 - Arte

```
C E R A M I G X A H M R A R O E
P Y F C K M F P Z W A X I V Z F
C O V Y I I L O D Y R B S Y H P
N E R C R E U K T L O N E S T S
W S R T J I L D L I M T N Y E W
P Y U F R X M A C A G Y T A L R
G M G B L E Q I Y U W L S M H E
W B I K G U A D D A R P D Y M A
E O F G B C N D W D E E L N Y L
L L F T I A R O U A I R I E C A
E I M Y M T A S I I D S W G P E
D K T K Y B O N K T D O H I T T
O I F M E Y M A I N I N T A O H
L Y V V M I F F Y E O O S N N K
H U I D X D L Y T A L L T T D P
S F V V E P U C G P I J S V U B
```

CERAMIG
CYMHLETH
CYFANSODDIAD
CREU
CERFLUN
MYNEGIANT
FFIGUR
ONEST
HWYLIAU
YSBRYDOLI

GWREIDDIOL
PERSONOL
PAENTIADAU
PORTREADU
SYML
SYMBOL
SWREALAETH
PWNC
GWELEDOL

87 - Diplomacia

```
C L D L Y L P C P Y S Y R T A D
Y L Y I I L G M J Z X I R K X I
F Y N E F Y A S V G I M Q G N N
R W G I H S B G A X F E K K L E
E O A T B G Q M E W F J H L T S
I D R H M E O I J K W D G B C I
T R O O N D T C Y M U N E D G
H A L E E N U N R R R J Z T G C
I E L D S A W T O A S V A A W Y
O T E D E D Y B A I M Y L G R T
L H G I G D L I Z E N O U S T U
D I N A S Y D D I O N U R C H N
D J V Z Q D I O G E L W C H D D
Y M G Y R C H O E D D W C F A E
C Y F I A W N D E R F M K E R B
G K H J T R A F O D A E T H O V
```

YMGYRCHOEDD
DINASYDDION
DINESIG
CYMUNED
GWRTHDARO
TRAFODAETH
LLYSGENNAD
TRAMOR
MOESEG
LLYWODRAETH

DYNGAROL
IEITHOEDD
UNIONDEB
CYFIAWNDER
CYFREITHIOL
DATRYS
DIOGELWCH
ATEB
CYTUNDEB

88 - Herboristería

```
T A X K B A T H D Y L J P L L E
A J R X V C W H L G I N E F F W
R R L O T K I H D C D D R A G H
A I T D M J L W V Y I D S I E W
G Q T N I A E K H N F R L A L Z
O S P H S K T D U H U Y I P L P
N T E F T B F I C W B W P L R B
C O G I N I O O G Y L G F A A F
S A N S A W D D V S O G J N G P
X A Y A F W L T D I D R O H F A
Z M F J A Q L F K O Y C R I Z G
M W U F L I L Y R N N O U G Z L
G Y Z U R M A R J O R A M I R T
B A S I L W R H O S M A R O L S
K L V C U Z M Q J I V I F N N B
Q J H L R P Z G G Z D C M M K X
```

GARLLEG
BASIL
AROMATIG
SAFFRWM
ANSAWDD
COGINIO
DIL
TARAGON
BLODYN
FFENIGL

CYNHWYSION
GARDD
LAFANT
MARJORAM
BATHDY
PERSLI
PLANHIGION
RHOSMAR
BLAS
GWYRDD

89 - Energía

```
I  C  J  I  H  T  M  X  S  U  F  B  R  H  F  H
T  K  Y  H  M  E  X  C  H  X  F  F  P  S  J  Y
T  Y  E  E  Q  H  F  O  T  R  O  A  N  L  Q  D
A  R  R  E  G  A  I  E  Q  U  T  J  O  X  J  R
R  I  I  B  T  R  Y  D  A  N  O  B  R  A  C  O
J  G  E  N  I  L  O  S  A  G  N  Z  O  D  Y  G
G  W  R  E  S  N  X  M  R  D  P  R  Q  M  B  E
N  I  W  C  L  E  A  R  O  D  I  E  S  E  L  N
M  S  F  I  U  F  B  W  D  D  D  Y  W  N  A  T
F  H  W  B  A  Q  E  A  C  A  U  D  H  Q  O  E
O  N  A  N  H  Z  A  U  T  C  Z  R  U  X  R  A
D  I  W  Y  D  I  A  N  T  R  G  W  Y  N  T  K
S  R  R  B  P  W  X  D  X  K  I  J  F  R  S  G
L  L  Y  G  R  E  D  D  V  M  C  I  L  W  K  I
E  L  E  C  T  R  O  N  J  E  N  T  R  O  P  I
A  D  N  E  W  Y  D  D  A  D  W  Y  H  D  C  X
```

BATRI	GASOLINE
GWRES	HYDROGEN
CARBON	DIWYDIANT
TANWYDD	MODUR
LLYGREDD	NIWCLEAR
DIESEL	ADNEWYDDADWY
ELECTRON	HAUL
TRYDAN	TYRBIN
ENTROPI	AGER
FFOTON	GWYNT

90 - Especias

```
D C E D A M P W G W I S D F W M
P P A K T F U L E J H R V Q S T
A U W O T Q P S I N A M O N W A
F G M Q A H U P G E L L R A G H
O F P E K O R A A L I N A F C B
Q V E K L N K P N A S W K S T I
V M A N N Y O R I H A K K B A K
K B B O I O S I S C F A E J D H
L H L I M G D K E U F M W U T S
V H A N W E L A N R R Y K E W R
V F S U C M S Q Z N W X U V E M
N F V B O T J V Q S M G H W O C
C Q W H F Y N D Q S T Q Z B K O
A Y R I S N I S U R P B J W C O
B L R A C H W E R W J N C J D O
A Q M I O R E C I R O C I L T F
```

SUR
GARLLEG
CHWERW
ANISE
SAFFRWM
SINAMON
UNION
EWIN
CWMIN
CYRI

MELYS
FFENIGL
SINSIR
NYTMEG
PAPRIKA
PUPUR
LICORICE
BLAS
HALEN
FANILA

91 - Emociones

```
R E R H Y D D H A D O D N Y S N
D D Y W R G I D E R A C F U Y F
C A O Y Q A X D V C E E W N M V
Y R W A J E X Y P I C T R Y O P
D S Y E J R Z N G N P N C Z F L
Y F C Y L O N E D D M A H I N L
M F O T N A Y W G B Q D C D D O
D A Z D T A B A Y V X I W I T N
E K L Z L R A L O L X O D F Y Y
I S Z O F O W L Y Z J L D L N D
M Y W Q X D N J T L B C E A E D
L W Y N F Y D L M N C H H S R W
A N Y G Y F F R O U S G A T W C
D N N F F G X K T R V A T O C H
I Y K B X R P C O A S R D D H W
H C W T S I R T E C L J W W O L
```

DIFLASTOD	DICTER
DIOLCHGAR	OFN
LLAWENYDD	HEDDWCH
RHYDDHAD	HAMDDENOL
CARU	FODLON
WYNFYD	CYDYMDEIMLAD
CAREDIGRWYDD	SYNDOD
DAWEL	TYNERWCH
CYNNWYS	LLONYDDWCH
GYFFROUS	TRISTWCH

92 - Universo

```
T Y W Y L L W C H G K X Q W E S
P Y W Z X G A Y L R O S X W Y E
O R B I T M H W P S E R X D V R
L G B E N S C D O N Z E W D R Y
P L L G O O L A G A I F N E K D
Z S E D I L Y L S Q N F E D L D
Z R P U W A G E E E B S F Y H I
J V B G A R R W L D D I O H G A
X Q R V D D Y G E E R M L Y W E
C O S M I G W B T R E E N C E T
A T E B O F A A Q D G H D H Z H
I W T H R D T W P Y G W F K B S
B P V S E A D E N H S R Y O G X
P L A E T M A Q Z G A L A E T H
F X V X S B A W Y R W A Z C K S
A S K R A S E R Y D D W R Y B J
```

ASTEROID
SERYDDIAETH
SERYDDWR
AWYRGYLCH
NEFOL
AWYR
COSMIG
CYHYDEDD
GALAETH
HEMISFFER

GORWEL
LLEDRED
HYDRED
LLEUAD
TYWYLLWCH
ORBIT
SOLAR
ATEB
TELESGOP
GWELADWY

93 - Jazz

```
F X O C J L B N S C H O M D I D
L F Q O T H B T W E R N E G T A
H T E A I R O D D R E C P H K Y
A H R F K N I O F D D Y W E N Y
R M D T R W E Q U D A A G E N E
T N K P Y Y T K Q O A L G C B N
I C H T F T N H J R A L B T J W
S Q K T Y L E N Q F G U A W S O
T V T N F S L C A A C D J H M G
N U H M R C A L H U E D S I H D
T X J R Y I T V T N K R N O T R
L T J T B K K C M Q E A E S Y Y
C Y N G E R D D H E N G I R H M
C Y F A N S O D D W R C Â N R I
C Y F A N S O D D I A D U V F A
P W Y S L A I S N O P O C P C U
```

ARTIST
ALBWM
CÂN
CYFANSODDIAD
CYFANSODDWR
CYNGERDD
ARDDULL
PWYSLAIS
ENWOG
FFEFRYNNAU

GENRE
BYRFYFYR
CERDDORIAETH
NEWYDD
CERDDORFA
RHYTHM
TALENT
DRYMIAU
TECHNEG
HEN

94 - Mediciones

```
A G U O M J P G U P K I N K O Z
Z N H T A U T P Z W I V R E W M
U Y H Q R H N X R Y L F H D N G
T T N A G H I U E S O I L D S A
V X K D Y H E P D A G Q T Y À D
R P T E Y Q P S H U E J I R M Y
Y T Z L Z F E E C C D C E U A A
S G U L L E N N U T L X B S R Q
M O D F E D D D B V V V A E G O
C A N O L F A N E T I L S M O P
A I M U O L C O X R N V H O L T
I Z Q P R L X E S C M Z H X I S
N P H G F M F S X S Z N Z F C Z
N H Q M Y R Q K D K L O N R S B
N F Y U C E G E Y Z P G R A D D
I Q R F X W M A T B R P L J G M
```

UCHDER
LLED
BEIT
CANOLFAN
DEGOL
GRADD
GRAM
CILOGRAM
LITR
HYD

MÀS
MESURYDD
MUNUD
OWNS
PWYSAU
PEINT
DYFNDER
MODFEDD
TUNNELL
CYFROL

95 - Barcos

```
P T J A Z M H E G F L Z C N X W
C R H R U C A N Ŵ F B Z J J O P
D Ô Y F H A Q O A E U Y X L M I
T M M N N I Z F M R A J U W E Z
U U L W U A H A O I L Y W H T P
U V F I Y C L G R O F N F E C F
L A A R M A U Z W T O N N A U G
L L D C B K F F R O G N A O H R
J D A F S D X S K Q M B I B I G
N M U K S Y Z J J O I R S D J
O I L Y W H H C W C R R H R A Y
Z Y I L R X I N H U W O A P C C
Y K Q L V P A A O R R Q F S G Y
P E I R I A N T L V O G F Z W F
F D H D G P Q S V O L B P H Y L
B M M J U G V P N U B A L P N T
```

ANGOR
LLU
PRYNU
CANŴ
RHAFF
FFERI
CAIAC
LLYN
MÔR
LLANW

MORWR
MWYAF
PEIRIANT
MORWROL
CEFNFOR
TONNAU
AFON
CRIW
CWCH HWYLIO
HWYLIO

96 - Antártida

```
S Q F R Y F G W Y D D O N O L O R
R B Q P W W D D U O D R W J O Z
Y H R K H S A Ŵ D D E F J Z M G
M O E P F Â I R X R R V W I U W
C T S W N E T H O N E Z Q W D C
H D H H L V H T P K H I L A O Y
W G O I G I E R C Y M Y L A U F
I A D A R Z F K O P Y B E V A A
L C H R O H J O X C T U O B N N
Y V P N Y H R N E P O Y B X Y D
D D E O S Y N Y U D Q C B S W I
D C A D W R A E T H D B A E M R
D A E A R Y D D I A E T H I L K
P E N G W I N I A I D N K I D O
J D T O P O G R A F F E G E O I
P M Y I R S C F G I I P F F E K
```

DŴR
BAE
GWYDDONOL
CADWRAETH
CYFANDIR
DAITH
DAEARYDDIAETH
RHEWLIFOEDD
IÂ
YMCHWILYDD

YNYSOEDD
MUDO
MWYNAU
CYMYLAU
ADAR
PENRHYN
PENGWINIAID
CREIGIOG
TYMHEREDD
TOPOGRAFFEG

97 - Mamíferos

```
Y  X  I  J  I  R  A  F  F  Z  R  S  M  U  X  L
H  B  P  T  R  M  C  L  D  X  C  E  D  Y  Q  L
W  X  K  X  W  C  W  Y  I  A  N  B  V  Z  N  E
J  V  W  V  V  V  N  F  A  R  E  R  L  E  P  V
M  W  N  C  I  K  I  F  F  Y  O  A  J  N  Q  O
Z  E  Z  K  J  D  N  E  E  G  R  G  I  A  G  D
M  O  R  F  I  L  G  C  D  D  O  L  F  F  I  N
H  C  R  E  N  A  E  D  C  K  C  E  S  R  D  S
D  O  O  R  A  G  N  A  K  K  V  M  T  A  R  W
Y  T  K  L  Z  G  X  P  H  G  N  A  W  O  X  B
L  L  W  Y  N  O  G  E  I  K  A  C  O  Q  Q  N
D  D  X  L  P  N  F  F  C  G  I  R  B  W  T  K
C  O  Y  O  T  E  A  T  N  A  F  F  I  L  E  L
A  S  Y  N  B  L  A  I  D  D  T  L  S  Y  C  A
O  L  T  N  N  H  H  C  W  H  H  H  T  R  A  I
U  M  M  I  I  U  I  E  O  C  N  J  S  E  O  J
```

MORFIL	CATH
ASYN	GORILA
CEFFYL	JIRAFF
CAMEL	BLAIDD
KANGAROO	MWNCI
SEBRA	ARTH
CWNINGEN	DEFAID
COYOTE	CI
DOLFFIN	TARW
ELIFFANT	LLWYNOG

98 - Boxeo

```
P  X  M  X  C  U  G  O  D  G  P  U  A  D  Q  F
V  Z  W  D  D  A  L  M  Y  Z  H  W  N  D  R  O
X  W  C  X  G  I  N  E  M  C  B  C  A  Y  G  C
H  S  A  K  E  T  M  O  N  I  T  Y  F  B  E  O
E  K  J  W  Z  N  M  I  L  O  P  F  I  E  U  R
S  R  E  D  F  Y  R  C  G  W  G  L  A  N  V  F
C  Q  U  F  Q  W  N  I  S  P  R  Y  D  Y  D  F
R  N  E  N  L  P  B  C  O  W  S  M  A  W  X  K
C  C  L  O  C  H  Ê  N  K  I  H  S  U  H  U  K
S  O  G  N  A  D  D  R  A  R  M  X  E  T  K  Y
V  T  R  Y  B  E  M  E  Z  X  H  D  W  R  N  M
X  S  B  N  U  R  Z  F  D  W  Z  A  G  W  F  V
H  T  E  S  E  F  H  D  V  Z  E  M  F  G  U  L
J  N  J  H  O  L  N  A  T  E  M  D  G  F  C  S
F  F  O  C  W  S  P  E  N  E  L  I  N  N  A  E
N  F  C  J  E  D  Y  Q  G  D  Y  M  R  V  J  U
```

CANOLWR	MENIG
ÊN	ANAFIADAU
CLOCH	YMLADD
FFOCWS	GWRTHWYNEBYDD
PENELIN	CICIO
RHAFFAU	PWYNTIAU
CORFF	DWRN
CORNEL	CYFLYM
ARDDANGOS	ADFER
CRYFDER	

99 - Abejas

```
A F B G Z Q L L I A P X R F A D
O H W H J Z Ê W R Q E I B F M O
P N Y A E L M L D R A J J R R G
A R D U B R E N H I N E S W Y A
K L Y L F Y T Z C W O H D Y W R
R S J F V W S X D T I N H T I D
H A I D E C Y O M E G C Q H A D
O Q L A X D S E P O I M Z Y E W
X Q D U A D O L B B H V U A T U
M B X Y B D C N R L N E A O H E
U W Y X B Y E W B O A B M H A E
N N G X V N U B M D L Y R H W A
C P V R G E Q V P Y P K G F Z M
C W C H U D D B G N U L S G C I
H F Q W M A B U D D I O L F X Y
K M T D W E C P E I L L I O P B
```

ADENYDD
BUDDIOL
CWYR
CWCH
BWYD
AMRYWIAETH
ECOSYSTEM
HAID
BLODYN
BLODAU

FFRWYTH
MWG
PRYFED
GARDD
MÊL
PLANHIGION
PAILL
PEILLIO
BRENHINES
HAUL

100 - Psicología

```
I  J  F  K  R  P  C  S  C  T  H  E  R  A  P  I
X  P  D  Z  T  R  I  O  L  X  J  I  A  C  E  M
M  P  V  H  E  O  N  R  I  T  I  L  A  E  R  A
H  H  E  T  I  F  U  A  N  Y  I  S  O  M  E  S
M  T  X  E  M  I  W  D  I  R  X  Z  G  E  N  E
Y  E  R  A  L  A  T  H  G  D  D  O  E  L  H  S
P  A  D  I  A  D  O  T  O  Y  A  X  C  B  G  I
L  I  S  D  D  A  A  R  L  L  I  S  V  O  U  A
E  L  Y  D  Y  U  L  W  O  A  G  D  Y  R  C  D
N  O  N  Y  B  L  W  G  A  N  Y  R  R  B  R  I
T  N  I  B  N  O  I  D  Y  W  D  D  U  E  R  B
Y  O  A  Y  A  S  Q  A  C  A  D  Y  E  G  B  O
N  S  D  W  M  K  O  A  U  D  M  J  U  O  U  M
D  R  A  G  R  D  G  W  Q  A  Y  Y  C  O  Q  W
O  E  U  J  S  E  G  J  M  U  Z  R  G  V  U  I
D  P  D  C  A  N  F  Y  D  D  I  A  D  A  J  J
```

CLINIGOL   DYLANWADAU
GWYBYDDIAETH   MEDDYLIAU
YMDDYGIAD   CANFYDDIAD
GWRTHDARO   PERSONOLIAETH
EGO   BROBLEM
EMOSIYNAU   REALITI
ASESIAD   TEIMLAD
PROFIADAU   BREUDDWYDION
SYNIADAU   THERAPI
PLENTYNDOD

1 - Arqueología

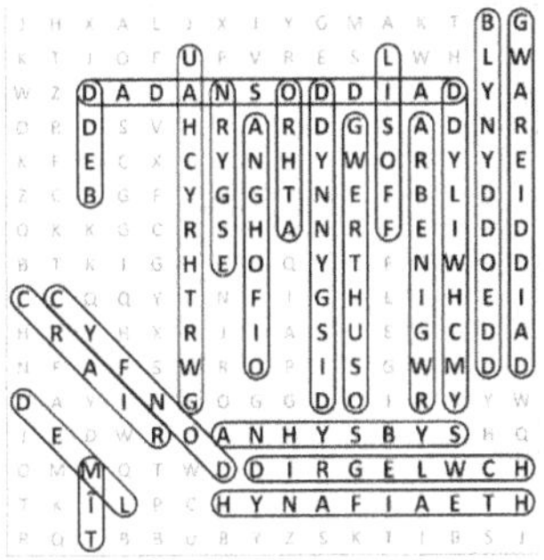

2 - Granja #2

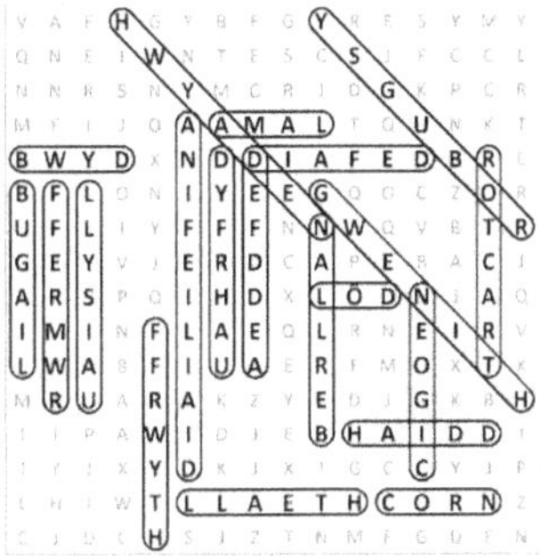

3 - La Empresa

4 - Pesca

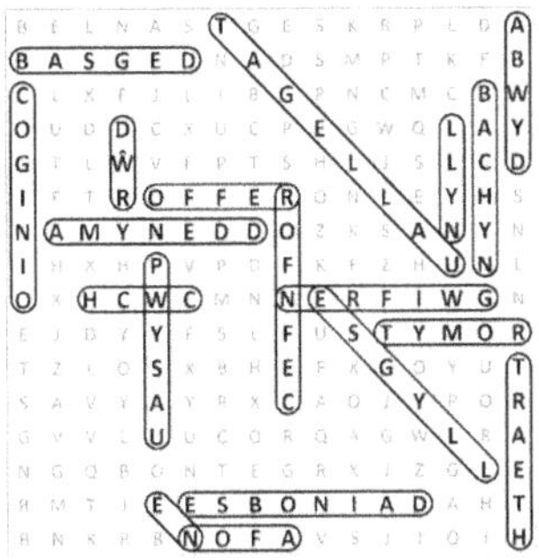

5 - Aviones

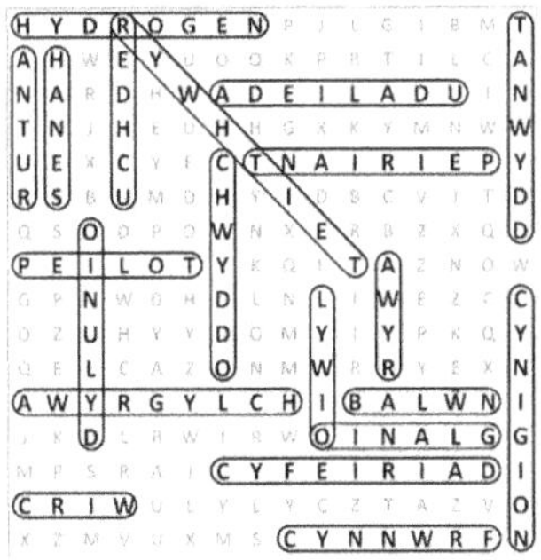

6 - Tipos de Cabello

7 - Ciencia Ficción

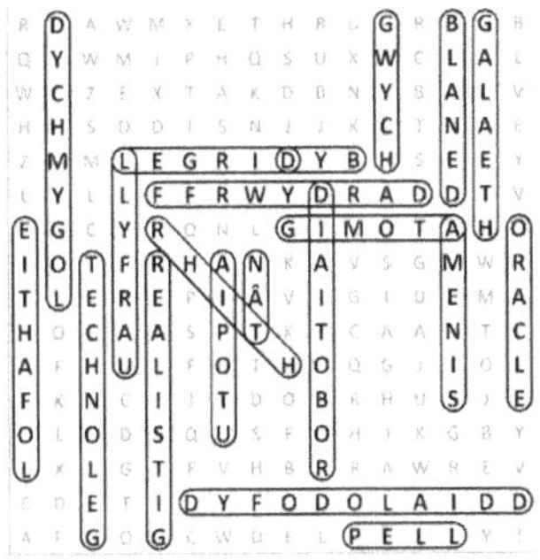

8 - Granja #1

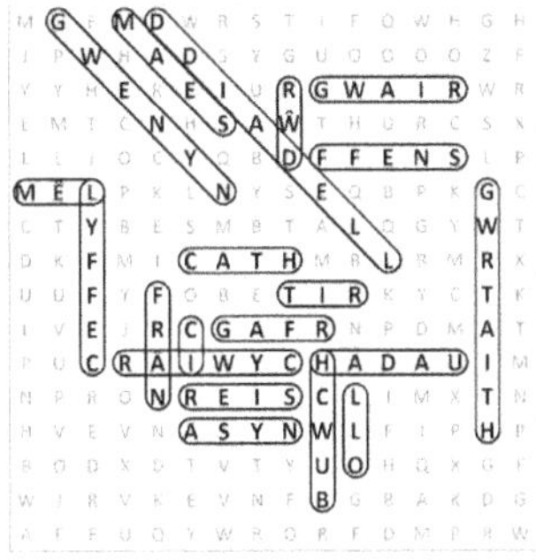

9 - Camping

10 - Fruta

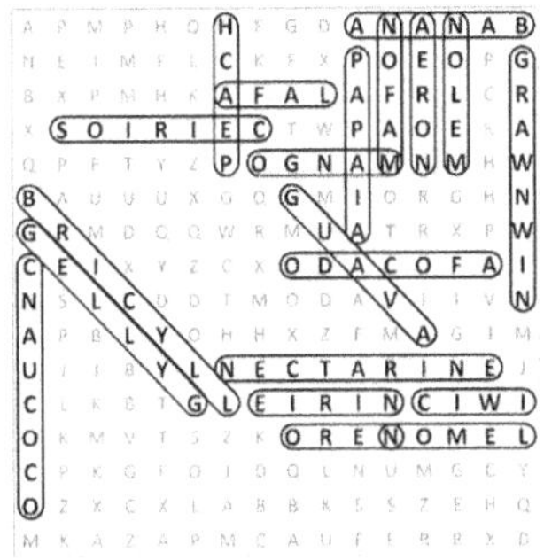

11 - Geología

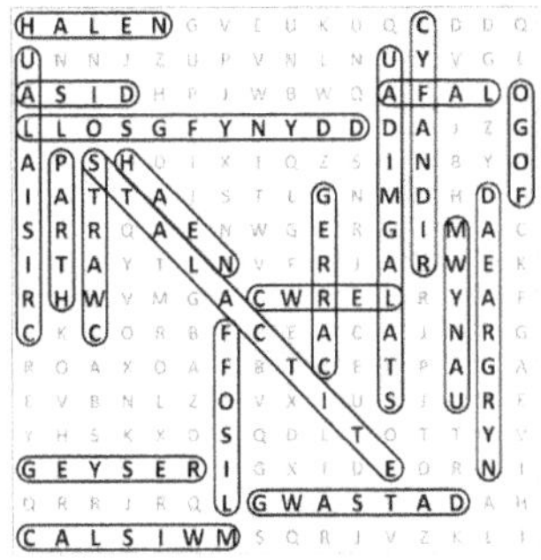

12 - Inmigración

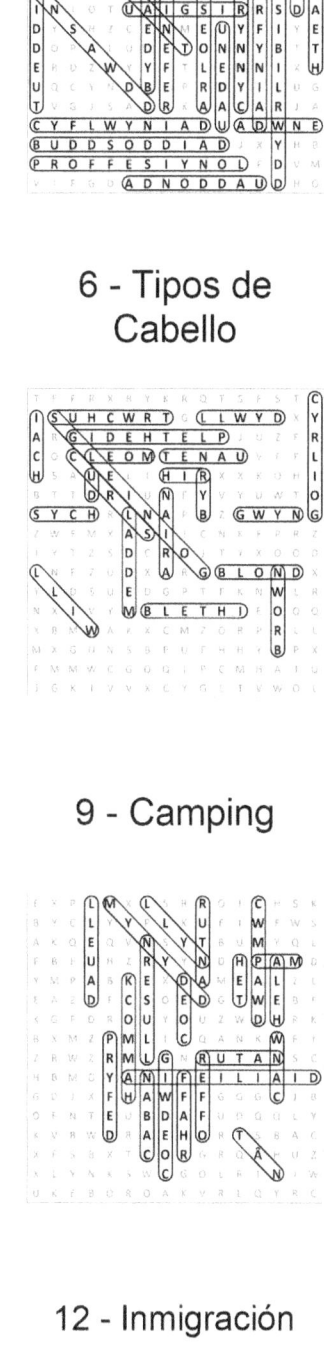

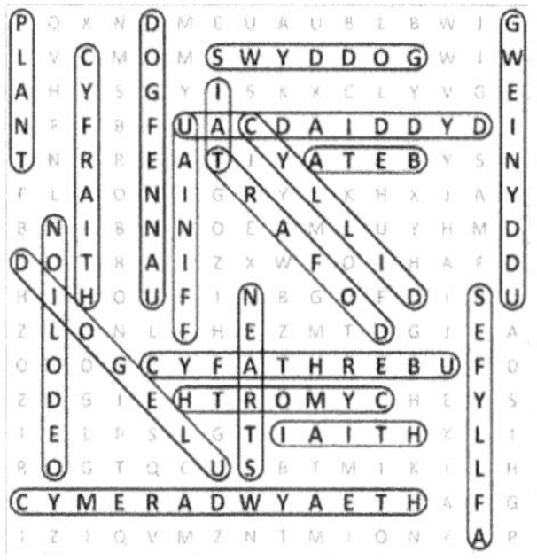

13 - Álgebra

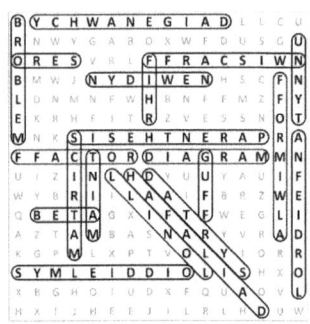

14 - Plantas

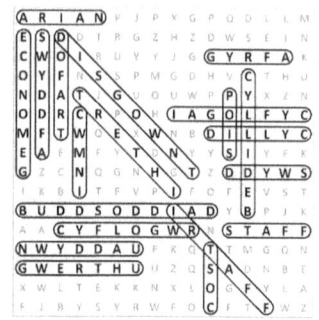

15 - Negocio

16 - Jardín

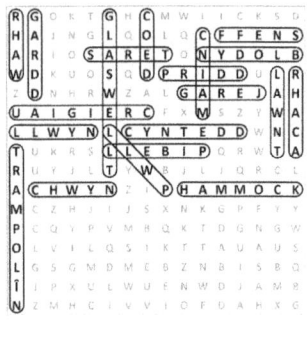

17 - Países #2

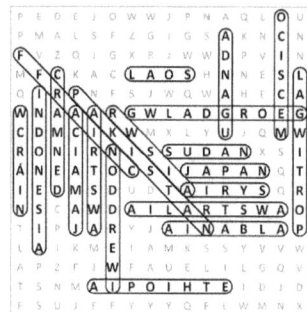

18 - Números

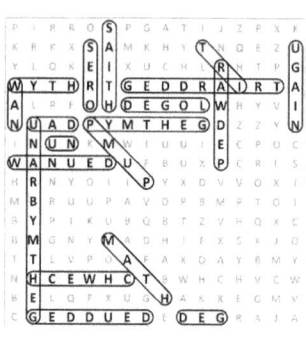

19 - Física

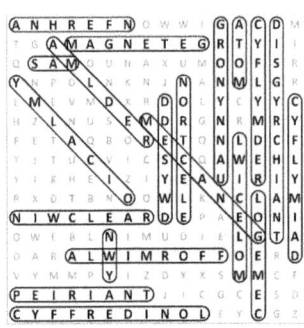

20 - Belleza

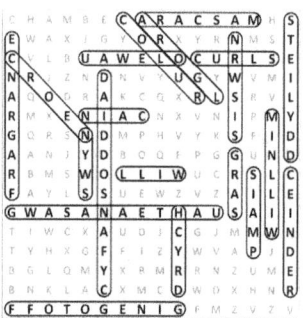

21 - Países #1

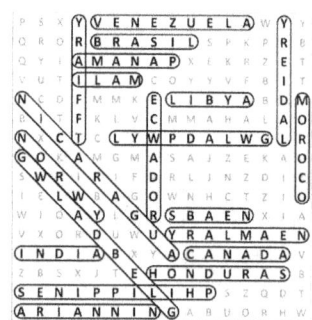

22 - Mitología

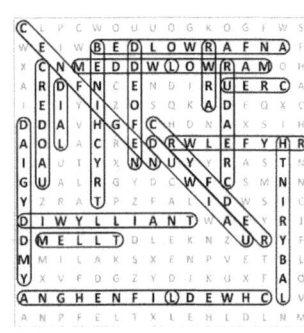

23 - Ecología

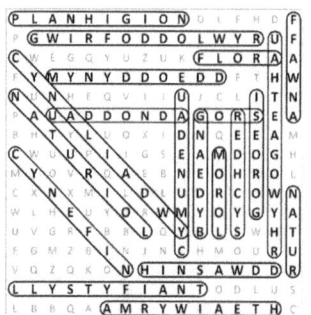

24 - Casa

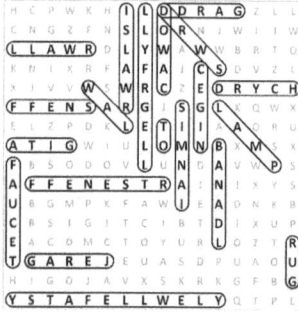

25 - Salud y Bienestar #2

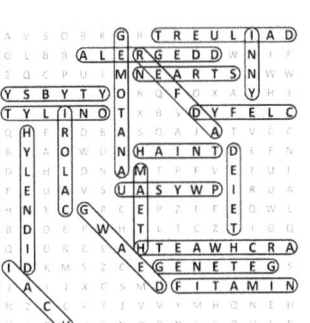

26 - Selva Tropical

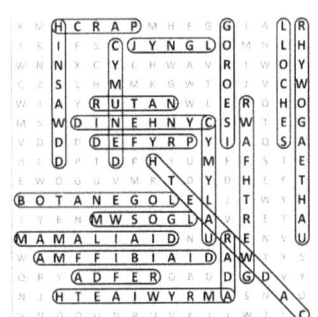

27 - Colores

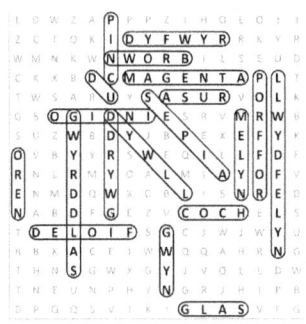

28 - Adjetivos #1

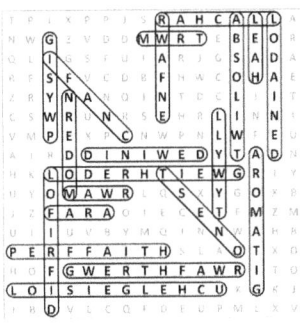

29 - Familia

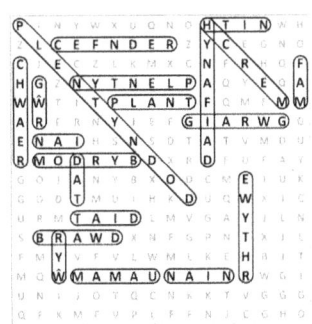

30 - Disciplinas Científicas

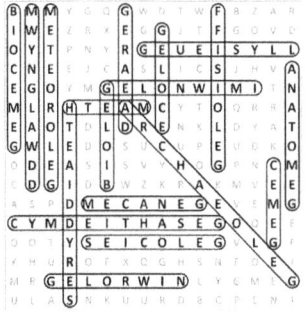

31 - Cocina

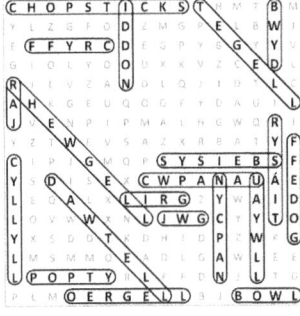

32 - Moda

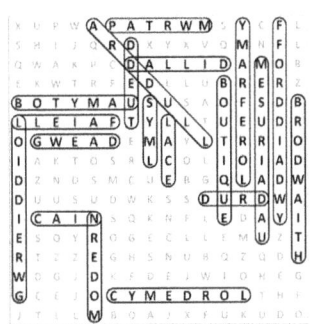

33 - Electricidad

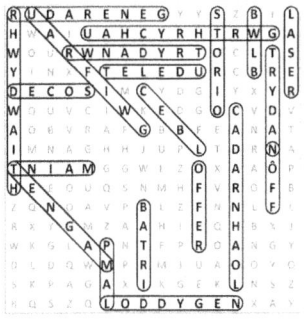

34 - Salud y Bienestar #1

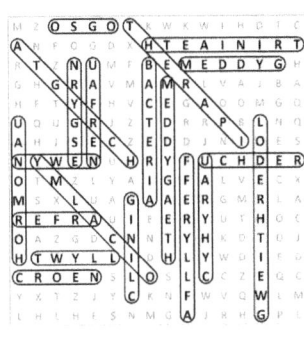

35 - Adjetivos #2

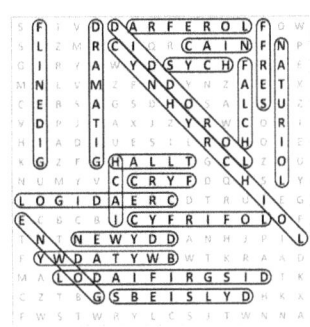

36 - Cuerpo Humano

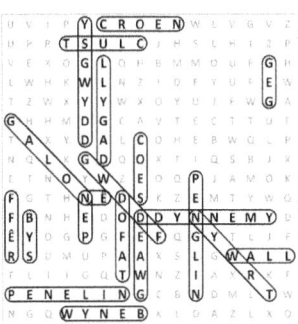

37 - Calentamiento GI

38 - Ciencia

39 - Profesiones #1

40 - Vehículos

41 - Geometría

42 - Vacaciones #2

43 - Baile

44 - Matemáticas

45 - Profesiones #2

46 - Naturaleza

47 - Conduciendo

48 - Ballet

49 - Fuerza y Gravedad

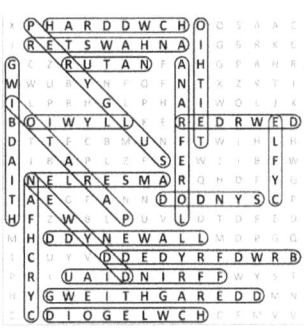

50 - Aventura

51 - Pájaros

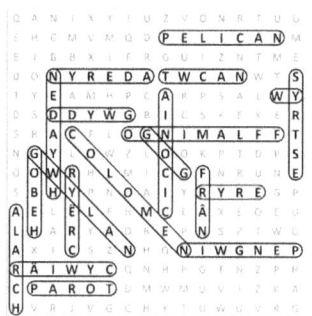

52 - Geografía

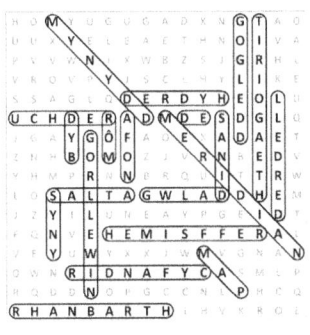

53 - Música

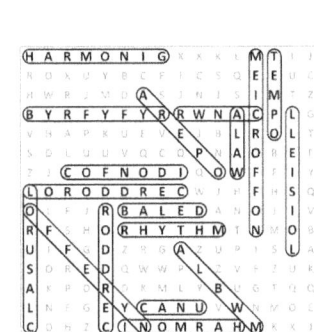

54 - Enfermedad

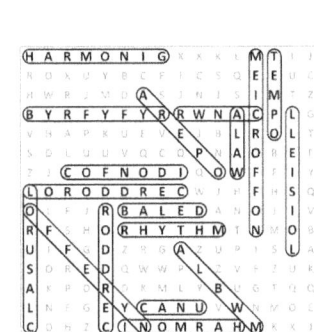

55 - Actividades

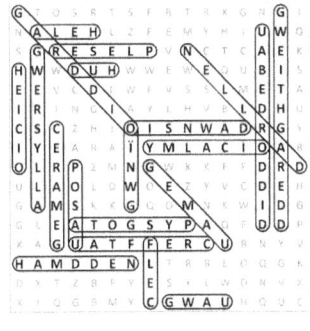

56 - Verduras

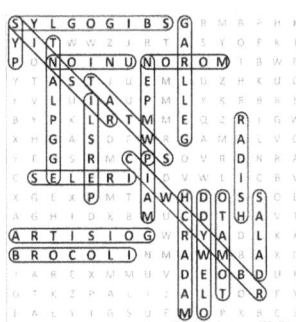

57 - Astronomía

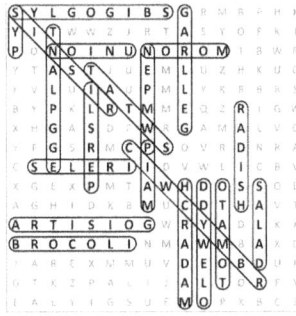

58 - Tiempo

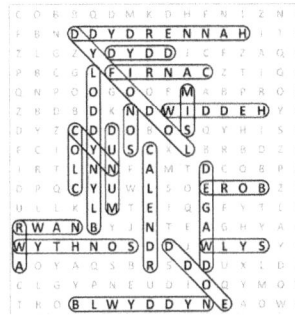

59 - Paisajes

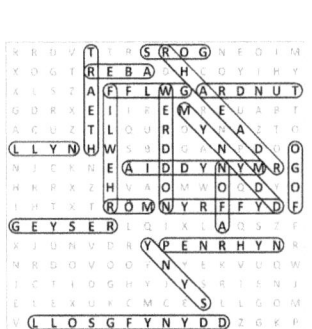

60 - Días y Meses

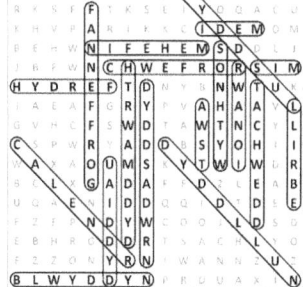

61 - Biología

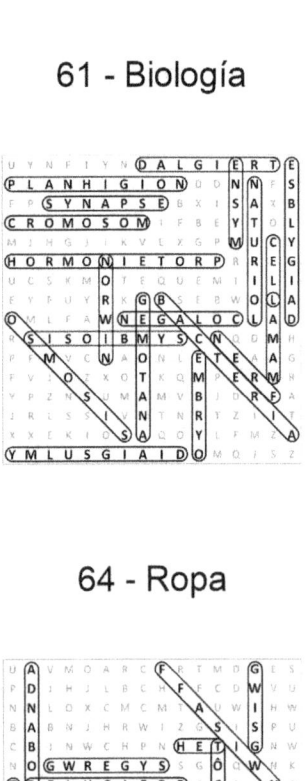

62 - Jardinería

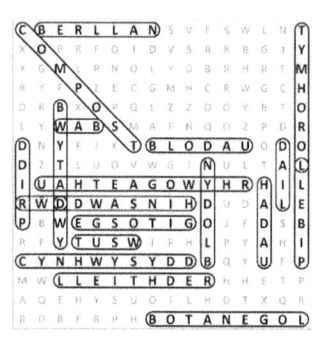

63 - Barbacoas

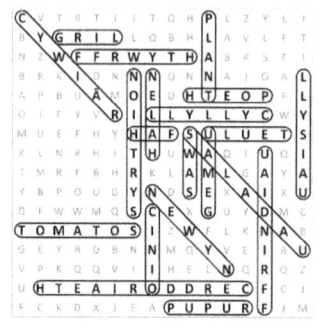

64 - Ropa

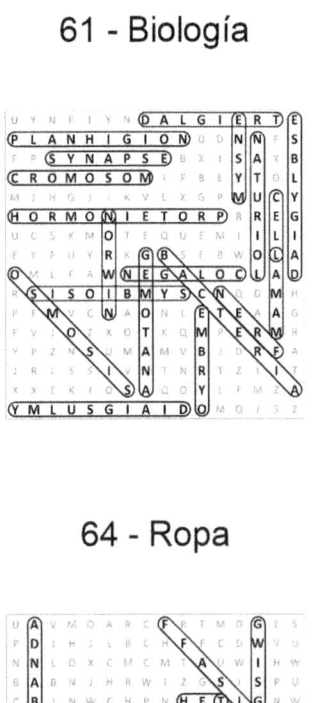

65 - Meditación

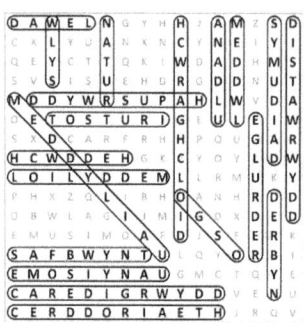

66 - Café

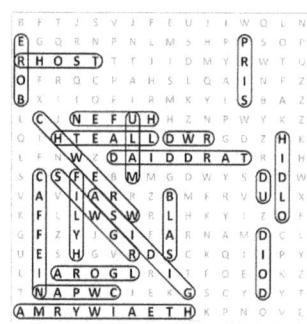

67 - Libros

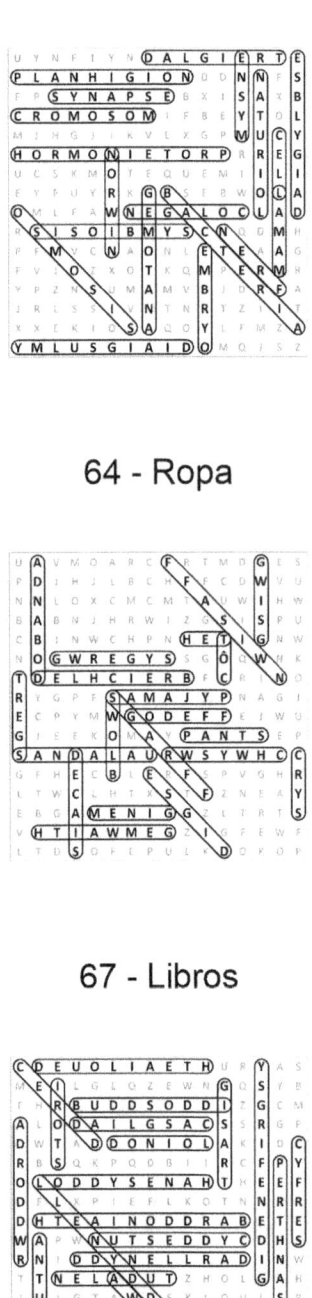

68 - Los Medios de Comunicación

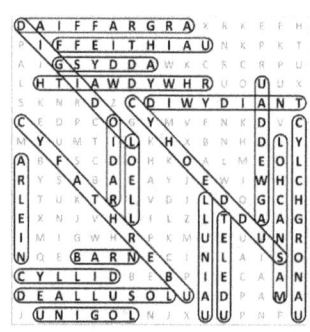

69 - Nutrición

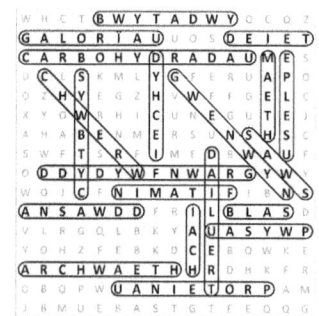

70 - Edificios

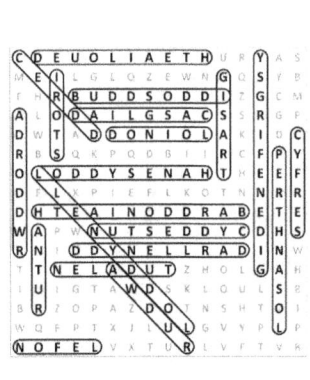

71 - Océano

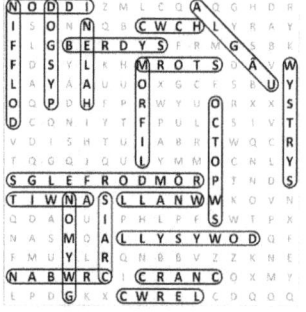

72 - Ciudad

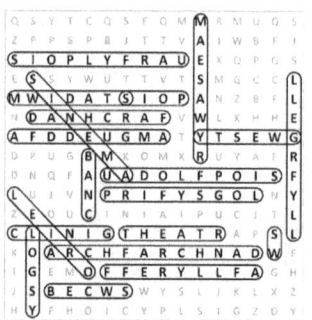

73 - Conservación

74 - Agronomía

75 - Deporte

76 - Ingeniería

77 - Comida #1

78 - Antigüedades

79 - Literatura

80 - Química

81 - Gobierno

82 - Creatividad

83 - Filantropía

84 - Clima

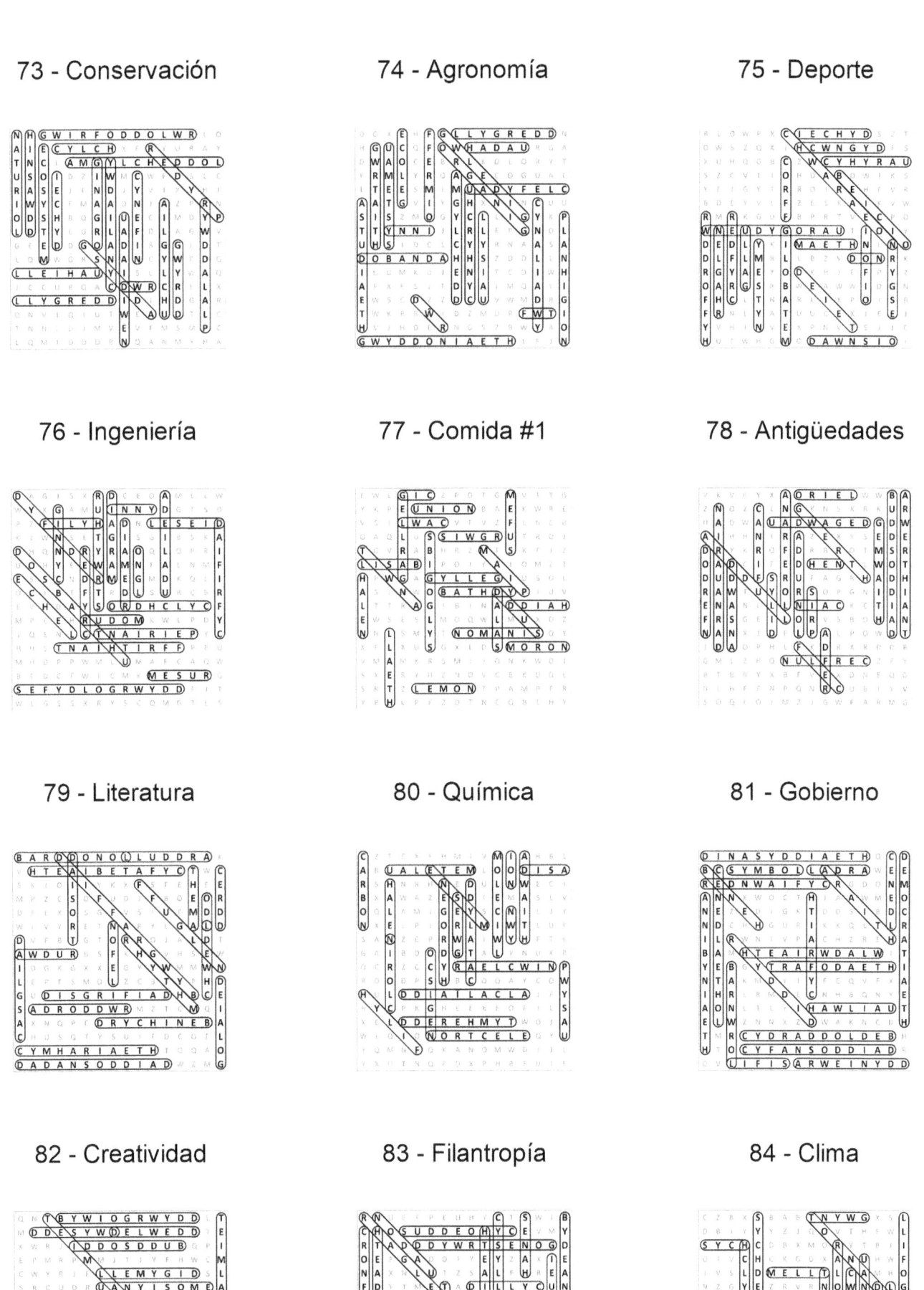

85 - Comida #2

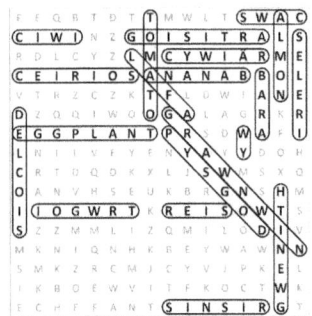

86 - Arte

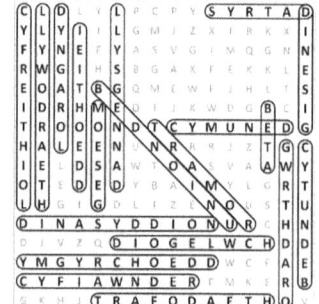

87 - Diplomacia

88 - Herboristería

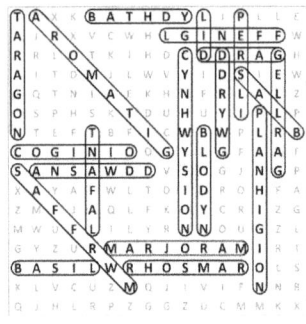

89 - Energía

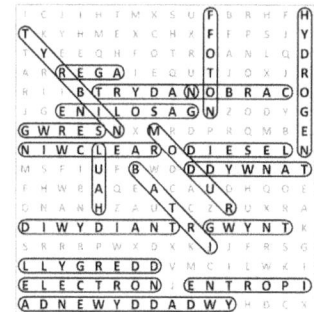

90 - Especias

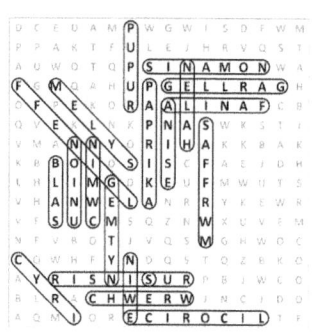

91 - Emociones

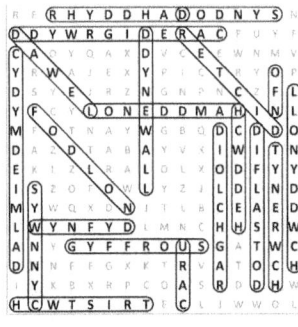

92 - Universo

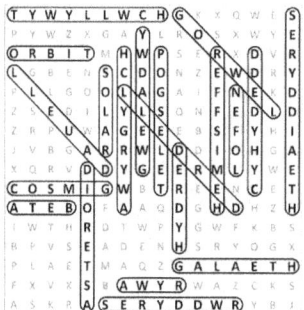

93 - Jazz

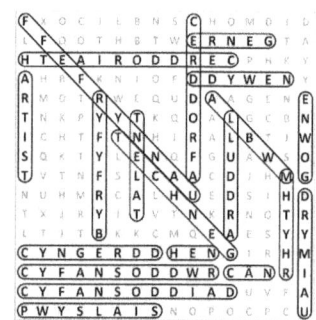

94 - Mediciones

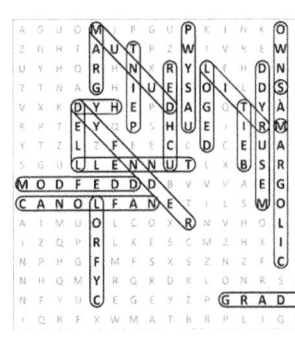

95 - Barcos

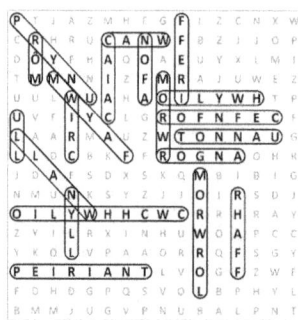

96 - Antártida

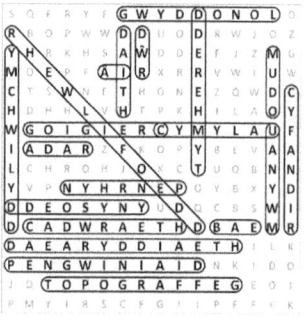

97 - Mamíferos

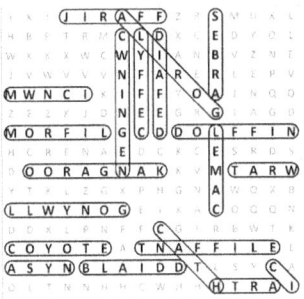

98 - Boxeo

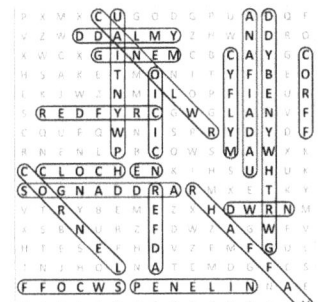

99 - Abejas

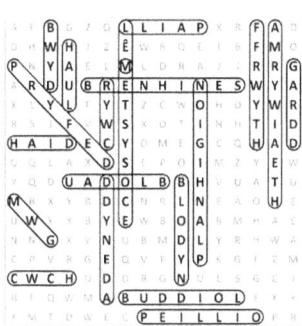

100 - Psicología

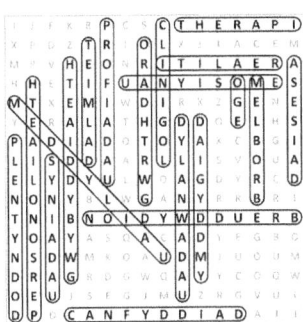

Diccionario

Abejas
Gwenyn

Alas	Adenydd
Beneficioso	Buddiol
Cera	Cwyr
Colmena	Cwch
Comida	Bwyd
Diversidad	Amrywiaeth
Ecosistema	Ecosystem
Enjambre	Haid
Flor	Blodyn
Flores	Blodau
Fruta	Ffrwyth
Humo	Mwg
Insecto	Pryfed
Jardín	Gardd
Miel	Mêl
Plantas	Planhigion
Polen	Paill
Polinizador	Peillio
Reina	Brenhines
Sol	Haul

Actividades
Gweithgareddau

Actividad	Gweithgaredd
Arte	Celf
Artesanía	Crefftau
Baile	Dawnsio
Camping	Gwersylla
Caza	Hela
Cerámica	Cerameg
Costura	Gwnïo
Intereses	Diddordebau
Jardinería	Garddio
Juegos	Gemau
Lectura	Darllen
Magia	Hud
Ocio	Hamdden
Pesca	Pysgota
Placer	Pleser
Relajación	Ymlacio
Rompecabezas	Posau
Senderismo	Heicio
Tejer	Gwau

Adjetivos #1
Ansoddeiriau # 1

Absoluto	Absoliwt
Activo	Gweithredol
Ambicioso	Uchelgeisiol
Aromático	Aromatig
Atractivo	Deniadol
Brillante	Llachar
Enorme	Enfawr
Generoso	Hael
Grande	Mawr
Honesto	Onest
Importante	Pwysig
Inocente	Diniwed
Joven	Ifanc
Lento	Araf
Moderno	Modern
Oscuro	Tywyll
Perfecto	Perffaith
Pesado	Trwm
Serio	Difrifol
Valioso	Gwerthfawr

Adjetivos #2
Ansoddeiriau # 2

Cansado	Flinedig
Comestible	Bwytadwy
Creativo	Creadigol
Descriptivo	Disgrifiadol
Dramático	Dramatig
Elegante	Cain
Famoso	Enwog
Fresco	Ffres
Fuerte	Cryf
Interesante	Diddorol
Natural	Naturiol
Normal	Arferol
Nuevo	Newydd
Orgulloso	Falch
Picante	Sbeislyd
Productivo	Cynhyrchiol
Responsable	Cyfrifol
Salado	Hallt
Saludable	Iach
Seco	Sych

Agronomía
Agronomeg

Agricultura	Ffermio
Agua	Dŵr
Ciencia	Gwyddoniaeth
Contaminación	Llygredd
Crecimiento	Twf
Ecología	Ecoleg
Energía	Ynni
Enfermedades	Clefydau
Estudio	Astudiaeth
Fertilizante	Gwrtaith
Identificación	Adnabod
Medio Ambiente	Amgylchedd
Orgánico	Organig
Plantas	Planhigion
Producción	Cynhyrchu
Rural	Gwledig
Semillas	Hadau
Sistemas	Systemau
Sostenible	Cynaliadwy
Verduras	Llysiau

Antártida
Antarctica

Agua	Dŵr
Bahía	Bae
Científico	Gwyddonol
Conservación	Cadwraeth
Continente	Cyfandir
Expedición	Daith
Geografía	Daearyddiaeth
Glaciares	Rhewlifoedd
Hielo	Iâ
Investigador	Ymchwilydd
Islas	Ynysoedd
Migración	Mudo
Minerales	Mwynau
Nubes	Cymylau
Pájaros	Adar
Península	Penrhyn
Pingüinos	Pengwiniaid
Rocoso	Creigiog
Temperatura	Tymheredd
Topografía	Topograffeg

Antigüedades
Hynafiaethau

Arte	Celf
Auténtico	Dilys
Calidad	Ansawdd
Decorativo	Addurnol
Décadas	Degawdau
Elegante	Cain
Escultura	Cerflun
Estilo	Arddull
Galería	Oriel
Inusual	Anarferol
Inversión	Buddsoddiad
Joyas	Gemwaith
Monedas	Darnau Arian
Mueble	Dodrefn
Precio	Pris
Restauración	Adfer
Siglo	Canrif
Subasta	Arwerthiant
Valor	Gwerth
Viejo	Hen

Arqueología
Archeoleg

Análisis	Dadansoddiad
Antigüedad	Hynafiaeth
Años	Blynyddoedd
Civilización	Gwareiddiad
Descendiente	Disgynnydd
Desconocido	Anhysbys
Equipo	Tîm
Era	Cyfnod
Evaluación	Gwerthuso
Experto	Arbenigwr
Fósil	Ffosil
Huesos	Esgyrn
Investigador	Ymchwilydd
Misterio	Dirgelwch
Objetos	Gwrthrychau
Olvidado	Anghofio
Profesor	Athro
Reliquia	Crair
Templo	Deml
Tumba	Bedd

Arte
Celf

Cerámica	Ceramig
Complejo	Cymhleth
Composición	Cyfansoddiad
Crear	Creu
Escultura	Cerflun
Expresión	Mynegiant
Figura	Ffigur
Honesto	Onest
Humor	Hwyliau
Inspirado	Ysbrydoli
Original	Gwreiddiol
Personal	Personol
Pinturas	Paentiadau
Poesía	Barddoniaeth
Retratar	Portreadu
Sencillo	Syml
Símbolo	Symbol
Surrealismo	Swrealaeth
Tema	Pwnc
Visual	Gweledol

Astronomía
Seryddiaeth

Asteroide	Asteroid
Astronauta	Gofodwr
Astrónomo	Seryddwr
Cielo	Awyr
Cohete	Roced
Constelación	Cytser
Cosmos	Cosmos
Eclipse	Eclipse
Equinoccio	Equinox
Galaxia	Galaeth
Luna	Lleuad
Meteoro	Meteor
Observatorio	Arsyllfa
Planeta	Blaned
Radiación	Ymbelydredd
Satélite	Lloeren
Supernova	Uwchnofa
Telescopio	Telesgop
Tierra	Ddaear
Universo	Bydysawd

Aventura
Antur

Actividad	Gweithgaredd
Alegría	Llawenydd
Amigos	Ffrindiau
Belleza	Harddwch
Destino	Cyrchfan
Dificultad	Anhawster
Entusiasmo	Brwdfrydedd
Excursión	Gwibdaith
Inusual	Anarferol
Itinerario	Amserlen
Naturaleza	Natur
Navegación	Llywio
Nuevo	Newydd
Oportunidad	Cyfle
Peligroso	Peryglus
Preparación	Paratoi
Seguridad	Diogelwch
Sorprendente	Syndod
Valentía	Dewrder
Viajes	Teithio

Aviones
Awyrennau

Altura	Uchder
Aterrizaje	Glanio
Atmósfera	Awyrgylch
Aventura	Antur
Cielo	Awyr
Combustible	Tanwydd
Construcción	Adeiladu
Dirección	Cyfeiriad
Diseño	Dylunio
Globo	Balŵn
Hélices	Cynigion
Hidrógeno	Hydrogen
Historia	Hanes
Inflar	Chwyddo
Motor	Peiriant
Navegar	Lywio
Pasajero	Teithwyr
Piloto	Peilot
Tripulación	Criw
Turbulencia	Cynnwrf

Álgebra
Algebra

Adición	Ychwanegiad
Cantidad	Maint
Cero	Sero
Diagrama	Diagram
Ecuación	Hafaliad
Factor	Ffactor
Falso	Ffug
Fórmula	Fformiwla
Fracción	Ffracsiwn
Infinito	Anfeidrol
Lineal	Llinol
Matriz	Matrics
Número	Rhif
Paréntesis	Parenthesis
Problema	Broblem
Resolver	Datrys
Resta	Tynnu
Simplificar	Symleiddio
Solución	Ateb
Variable	Newidyn

Baile
Dawns

Academia	Academi
Alegre	Llawen
Arte	Celf
Clásico	Clasurol
Coreografía	Coreograffi
Cuerpo	Corff
Cultura	Diwylliant
Cultural	Diwylliannol
Emoción	Emosiwn
Ensayo	Ymarfer
Expresivo	Mynegiannol
Gracia	Gras
Movimiento	Symudiad
Música	Cerddoriaeth
Postura	Osgo
Ritmo	Rhythm
Saltar	Neidio
Socio	Partner
Tradicional	Traddodiadol
Visual	Gweledol

Ballet
Bale

Agraciado	Gosgeiddig
Aplauso	Cymeradwyaeth
Artístico	Artistig
Audiencia	Gynulleidfa
Bailarines	Dawnswyr
Compositor	Cyfansoddwr
Coreografía	Coreograffi
Ensayo	Ymarfer
Estilo	Arddull
Expresivo	Mynegiannol
Gesto	Ystum
Intensidad	Dwysedd
Lecciones	Gwersi
Músculos	Cyhyrau
Música	Cerddoriaeth
Orquesta	Cerddorfa
Ritmo	Rhythm
Solo	Unawd
Técnica	Techneg

Barbacoas
Barbeciws

Amigos	Ffrindiau
Caliente	Poeth
Cebollas	Syrthion
Cena	Cinio
Cuchillos	Cyllyll
Ensaladas	Saladau
Familia	Teulu
Fruta	Ffrwyth
Hambre	Newyn
Juegos	Gemau
Música	Cerddoriaeth
Niños	Plant
Parrilla	Gril
Pimienta	Pupur
Pollo	Cyw lâr
Sal	Halen
Salsa	Saws
Tomates	Tomatos
Verano	Haf
Verduras	Llysiau

Barcos
Cychod

Ancla	Angor
Balsa	Llu
Boya	Prynu
Canoa	Canŵ
Cuerda	Rhaff
Ferry	Fferi
Kayak	Caiac
Lago	Llyn
Mar	Môr
Marea	Llanw
Marinero	Morwr
Mástil	Mwyaf
Motor	Peiriant
Náutico	Morwrol
Océano	Cefnfor
Olas	Tonnau
Río	Afon
Tripulación	Criw
Velero	Cwch Hwylio
Yate	Hwylio

Belleza
Harddwch

Aceites	Olewau
Aroma	Arogl
Champú	Siamp
Color	Lliw
Cosméticos	Colur
Elegancia	Ceinder
Elegante	Cain
Encanto	Swyn
Espejo	Drych
Estilista	Steilydd
Fotogénico	Ffotogenig
Fragancia	Fragrance
Gracia	Gras
Maquillaje	Cyfansoddiad
Piel	Croen
Pintalabios	Minlliw
Rizos	Curls
Rímel	Mascara
Servicios	Gwasanaethau
Tijeras	Siswrn

Biología
Bioleg

Anatomía	Anatomeg
Bacterias	Bacteria
Celda	Cell
Colágeno	Colagen
Cromosoma	Cromosom
Embrión	Embryo
Enzima	Ensym
Evolución	Esblygiad
Hormona	Hormon
Mamífero	Mamal
Mutación	Treiglad
Natural	Naturiol
Nervio	Nerf
Neurona	Niwron
Ósmosis	Osmosis
Plantas	Planhigion
Proteína	Protein
Reptil	Ymlusgiaid
Simbiosis	Symbiosis
Sinapsis	Synapse

Boxeo
Paffio

Árbitro	Canolwr
Barbilla	Ên
Campana	Cloch
Centrar	Ffocws
Codo	Penelin
Cuerdas	Rhaffau
Cuerpo	Corff
Esquina	Cornel
Exhausto	Arddangos
Fuerza	Cryfder
Guantes	Menig
Lesiones	Anafiadau
Luchador	Ymladd
Oponente	Gwrthwynebydd
Patear	Cicio
Puntos	Pwyntiau
Puño	Dwrn
Rápido	Cyflym
Recuperación	Adfer

Café
Coffi

Agua	Dŵr
Amargo	Chwerw
Aroma	Arogl
Asado	Rhost
Azúcar	Siwgr
Ácido	Asidig
Bebida	Diod
Cafeína	Caffein
Crema	Hufen
Filtro	Hidlo
Leche	Llaeth
Líquido	Hylif
Mañana	Bore
Moler	Malu
Negro	Du
Origen	Tarddiad
Precio	Pris
Sabor	Blas
Taza	Cwpan
Variedad	Amrywiaeth

Calentamiento Global
Cynhesu Byd-Eang

Ahora	Nawr
Ambiental	Amgylcheddol
Atención	Sylw
Ártico	Arctig
Científico	Gwyddonydd
Clima	Hinsawdd
Consecuencias	Canlyniadau
Crisis	Argyfwng
Datos	Data
Desarrollo	Datblygu
Energía	Ynni
Futuro	Dyfodol
Gas	Nwy
Generaciones	Cenedlaethau
Gobierno	Llywodraeth
Industria	Diwydiant
Internacional	Rhyngwladol
Legislación	Deddfwriaeth
Poblaciones	Poblogaethau
Temperaturas	Tymheredd

Camping
Gwersylla

Animales	Anifeiliaid
Aventura	Antur
Árboles	Coed
Bosque	Coedwig
Brújula	Cwmpawd
Cabina	Caban
Canoa	Canŵ
Caza	Hela
Cuerda	Rhaff
Equipo	Offer
Fuego	Tân
Hamaca	Hammock
Insecto	Pryfed
Lago	Llyn
Linterna	Llusern
Luna	Lleuad
Mapa	Map
Montaña	Mynydd
Naturaleza	Natur
Sombrero	Het

Casa
Tŷ

Alfombra	Rug
Ático	Atig
Biblioteca	Llyfrgell
Chimenea	Simnai
Cocina	Cegin
Dormitorio	Ystafell Wely
Ducha	Cawod
Escoba	Banadl
Espejo	Drych
Garaje	Garej
Grifo	Faucet
Jardín	Gardd
Lámpara	Lamp
Pared	Wal
Piso	Llawr
Puerta	Drws
Sótano	Islawr
Techo	To
Valla	Ffens
Ventana	Ffenestr

Ciencia
Gwyddoniaeth

Átomo	Atom
Científico	Gwyddonydd
Clima	Hinsawdd
Datos	Data
Evolución	Esblygiad
Experimento	Arbrawf
Física	Ffiseg
Fósil	Ffosil
Gravedad	Disgyrchiant
Hecho	Ffaith
Hipótesis	Ddamcaniaeth
Laboratorio	Labordy
Método	Dull
Minerales	Mwynau
Moléculas	Moleciwlau
Naturaleza	Natur
Organismo	Organeb
Partículas	Gronynnau
Plantas	Planhigion
Químico	Cemegol

Ciencia Ficción
Ffuglen Gwyddoniaeth

Atómico	Atomig
Cine	Sinema
Distante	Pell
Explosión	Ffrwydrad
Extremo	Eithafol
Fantástico	Gwych
Fuego	Tân
Futurista	Dyfodolaidd
Galaxia	Galaeth
Ilusión	Rhith
Imaginario	Dychmygol
Libros	Llyfrau
Misterioso	Dirgel
Mundo	Byd
Oráculo	Oracle
Planeta	Blaned
Realista	Realistig
Robots	Robotiaid
Tecnología	Technoleg
Utopía	Utopia

Ciudad
Y Dref

Aeropuerto	Maes Awyr
Banco	Banc
Biblioteca	Llyfrgell
Cine	Sinema
Clínica	Clinig
Escuela	Ysgol
Estadio	Stadiwm
Farmacia	Fferyllfa
Florista	Siop Flodau
Galería	Oriel
Hotel	Gwesty
Librería	Siop Lyfrau
Mercado	Farchnad
Museo	Amgueddfa
Panadería	Becws
Supermercado	Archfarchnad
Teatro	Theatr
Tienda	Siop
Universidad	Prifysgol
Zoo	Sw

Clima
Tywydd

Atmósfera	Awyrgylch
Brisa	Awel
Cielo	Awyr
Clima	Hinsawdd
Hielo	Iâ
Huracán	Corwynt
Inundación	Llifogydd
Monzón	Monsŵn
Niebla	Niwl
Nube	Cwmwl
Polar	Polar
Rayo	Mellt
Seco	Sych
Sequía	Sychder
Temperatura	Tymheredd
Tormenta	Storm
Tornado	Tornado
Tropical	Trofannol
Trueno	Taranau
Viento	Gwynt

Cocina
Cegin

Caldera	Tegell
Comida	Bwyd
Congelador	Rhewgell
Cucharas	Llwyau
Cucharón	Lletwad
Cuchillos	Cyllyll
Delantal	Ffedog
Especias	Sbeisys
Esponja	Noddi
Horno	Popty
Jarra	Jwg
Palillos	Chopsticks
Parrilla	Gril
Receta	Rysáit
Refrigerador	Oergell
Servilleta	Napcyn
Tarro	Jar
Tazas	Cwpanau
Tazón	Bowl
Tenedores	Ffyrc

Colores
Lliwiau

Amarillo	Melyn
Azul	Glas
Azur	Asur
Beige	Llwydfelyn
Blanco	Gwyn
Cian	Gwyrddlas
Fucsia	Dyfwyr
Gris	Llwyd
Índigo	Indigo
Magenta	Magenta
Marrón	Brown
Naranja	Oren
Negro	Du
Púrpura	Porffor
Rojo	Coch
Rosa	Pinc
Sepia	Sepia
Verde	Gwyrdd
Violeta	Fioled

Comida #1
Bwyd # 1

Ajo	Garlleg
Albahaca	Basil
Atún	Tiwna
Azúcar	Siwgr
Canela	Sinamon
Carne	Cig
Cebada	Haidd
Cebolla	Union
Ensalada	Salad
Espinacas	Sbigoglys
Fresa	Mefus
Jugo	Sudd
Leche	Llaeth
Limón	Lemon
Menta	Bathdy
Nabo	Maip
Pera	Gellyg
Sal	Halen
Sopa	Cawl
Zanahoria	Moron

Comida #2
Bwyd # 2

Alcachofa	Artisiog
Almendra	Almon
Apio	Seleri
Arroz	Reis
Berenjena	Eggplant
Cereza	Ceirios
Chocolate	Siocled
Huevo	Wy
Jengibre	Sinsir
Kiwi	Ciwi
Manzana	Afal
Pan	Bara
Pescado	Pysgod
Plátano	Banana
Pollo	Cyw lâr
Queso	Caws
Tomate	Tomato
Trigo	Gwenith
Uva	Grawnwin
Yogur	Iogwrt

Conduciendo
Gyrru

Accidente	Damwain
Calle	Stryd
Camión	Lori
Coche	Car
Combustible	Tanwydd
Frenos	Breciau
Garaje	Garej
Gas	Nwy
Licencia	Trwydded
Mapa	Map
Motocicleta	Beic Modur
Motor	Modur
Peatonal	Cerddwyr
Peligro	Perygl
Policía	Heddlu
Seguridad	Diogelwch
Transporte	Cludiant
Tráfico	Traffig
Túnel	Twnnel
Velocidad	Cyflymder

Conservación
Cadwraeth

Agua	Dŵr
Ambiental	Amgylcheddol
Cambios	Newidiadau
Ciclo	Cylch
Clima	Hinsawdd
Contaminación	Llygredd
Ecosistema	Ecosystem
Educación	Addysg
Hábitat	Cynefin
Natural	Naturiol
Orgánico	Organig
Pesticida	Plaladdwyr
Preocupación	Pryder
Reciclar	Ailgylchu
Reducir	Lleihau
Salud	Iechyd
Sostenible	Cynaliadwy
Verde	Gwyrdd
Voluntario	Gwirfoddolwr

Creatividad
Creadigrwydd

Artístico	Artistig
Autenticidad	Dilysrwydd
Cambiando	Newid
Claridad	Eglurder
Dramático	Dramatig
Emociones	Emosiynau
Espontáneo	Digymell
Expresión	Mynegiant
Fluidez	Hylifedd
Ideas	Syniadau
Imagen	Delwedd
Imaginación	Dychymyg
Impresión	Argraff
Inspiración	Ysbrydoliaeth
Intensidad	Dwysedd
Intuición	Greddf
Inventivo	Buddsoddi
Sensación	Teimlad
Sentimientos	Teimladau
Vitalidad	Bywiogrwydd

Cuerpo Humano
Corff Dynol

Barbilla	Ên
Boca	Geg
Cabeza	Pen
Cara	Wyneb
Cerebro	Ymennydd
Codo	Penelin
Corazón	Galon
Cuello	Gwddf
Dedo	Bys
Hombro	Ysgwydd
Lengua	Tafod
Mano	Llaw
Nariz	Trwyn
Ojo	Llygad
Oreja	Clust
Piel	Croen
Pierna	Coes
Rodilla	Pen-Glin
Sangre	Gwaed
Tobillo	Ffêr

Deporte
Chwaraeon

Atleta	Mabolgampwr
Baile	Dawnsio
Capacidad	Gallu
Ciclismo	Beicio
Cuerpo	Corff
Deportes	Chwaraeon
Dieta	Deiet
Entrenador	Hyfforddwr
Estiramiento	Ymestyn
Fuerza	Cryfder
Huesos	Esgyrn
Maximizar	Wneud y Gorau
Meta	Nod
Metabólico	Metabolig
Músculos	Cyhyrau
Nadar	I Nofio
Nutrición	Maeth
Programa	Rhaglen
Resistencia	Dygnwch
Salud	Iechyd

Diplomacia
Diplomyddiaeth

Campañas	Ymgyrchoedd
Ciudadanos	Dinasyddion
Cívico	Dinesig
Comunidad	Cymuned
Conflicto	Gwrthdaro
Discusión	Trafodaeth
Embajador	Llysgennad
Extranjero	Tramor
Ética	Moeseg
Gobierno	Llywodraeth
Humanitario	Dyngarol
Idiomas	Ieithoedd
Integridad	Uniondeb
Justicia	Cyfiawnder
Legal	Cyfreithiol
Resolución	Datrys
Seguridad	Diogelwch
Solución	Ateb
Tratado	Cytundeb

Disciplinas Científicas
Ddisgyblaethau Gwyddonol

Anatomía	Anatomeg
Arqueología	Archaeoleg
Astronomía	Seryddiaeth
Biología	Bioleg
Bioquímica	Biocemeg
Botánica	Llysieueg
Ecología	Ecoleg
Fisiología	Ffisioleg
Geología	Daeareg
Inmunología	Imiwnoleg
Lingüística	Ieithyddiaeth
Mecánica	Mecaneg
Meteorología	Meteoroleg
Mineralogía	Mwynglawdd
Neurología	Niwroleg
Nutrición	Maeth
Psicología	Seicoleg
Química	Cemeg
Sociología	Cymdeithaseg
Zoología	Milofyddiaeth

Días y Meses
Diwrnodau a Misoedd

Abril	Ebrill
Agosto	Awst
Año	Blwyddyn
Calendario	Calendr
Domingo	Dydd Sul
Enero	Ionawr
Febrero	Chwefror
Jueves	Dydd Iau
Julio	Gorffennaf
Junio	Mehefin
Lunes	Dydd Llun
Martes	Dydd Mawrth
Mes	Mis
Miércoles	Dydd Mercher
Noviembre	Tachwedd
Octubre	Hydref
Sábado	Dydd Sadwrn
Semana	Wythnos
Septiembre	Medi
Viernes	Dydd Gwener

Ecología
Ecoleg

Clima	Hinsawdd
Comunidades	Cymunedau
Diversidad	Amrywiaeth
Especie	Rhywogaethau
Fauna	Ffawna
Flora	Flora
Global	Byd-Eang
Hábitat	Cynefin
Marino	Morol
Montañas	Mynyddoedd
Natural	Naturiol
Naturaleza	Natur
Pantano	Gors
Plantas	Planhigion
Recursos	Adnoddau
Sequía	Sychder
Sostenible	Cynaliadwy
Supervivencia	Goroesi
Vegetación	Llystyfiant
Voluntarios	Gwirfoddolwyr

Edificios
Adeiladau

Albergue	Hostel
Apartamento	Fflat
Cabina	Caban
Castillo	Castell
Cine	Sinema
Escuela	Ysgol
Estadio	Stadiwm
Fábrica	Ffatri
Garaje	Garej
Granero	Ysgubor
Granja	Fferm
Hospital	Ysbyty
Hotel	Gwesty
Laboratorio	Labordy
Museo	Amgueddfa
Observatorio	Arsyllfa
Supermercado	Archfarchnad
Teatro	Theatr
Torre	Twr
Universidad	Prifysgol

Electricidad
Trydan

Almacenamiento	Storio
Batería	Batri
Bombilla	Bwlb
Cable	Cebl
Cables	Gwifrau
Cantidad	Maint
Electricista	Trydanwr
Eléctrico	Trydan
Enchufe	Soced
Equipo	Offer
Generador	Generadur
Imán	Magnet
Lámpara	Lamp
Láser	Laser
Negativo	Negyddol
Objetos	Gwrthrychau
Positivo	Cadarnhaol
Red	Rhwydwaith
Televisión	Teledu
Teléfono	Ffôn

Emociones
Emosiynau

Aburrimiento	Diflastod
Agradecido	Diolchgar
Alegría	Llawenydd
Alivio	Rhyddhad
Amor	Caru
Beatitud	Wynfyd
Bondad	Caredigrwydd
Calma	Dawel
Contenido	Cynnwys
Emocionado	Gyffrous
Ira	Dicter
Miedo	Ofn
Paz	Heddwch
Relajado	Hamddenol
Satisfecho	Fodlon
Simpatía	Cydymdeimlad
Sorpresa	Syndod
Ternura	Tynerwch
Tranquilidad	Llonyddwch
Tristeza	Tristwch

Energía
Ynni

Batería	Batri
Calor	Gwres
Carbono	Carbon
Combustible	Tanwydd
Contaminación	Llygredd
Diesel	Diesel
Electrón	Electron
Eléctrico	Trydan
Entropía	Entropi
Fotón	Ffoton
Gasolina	Gasoline
Hidrógeno	Hydrogen
Industria	Diwydiant
Motor	Modur
Nuclear	Niwclear
Renovable	Adnewyddadwy
Sol	Haul
Turbina	Tyrbin
Vapor	Ager
Viento	Gwynt

Enfermedad
Clefyd

Agudo	Aciwt
Alergias	Alergeddau
Bienestar	Lles
Contagioso	Heintus
Corazón	Galon
Crónica	Cronig
Cuerpo	Corff
Débil	Gwan
Genético	Genetig
Hereditario	Etifeddol
Huesos	Esgyrn
Inflamación	Llid
Inmunidad	Imiwnedd
Lumbar	Meingefnol
Neuropatía	Niwropatheg
Patógenos	Pathogenau
Respiratorio	Atebol
Salud	Iechyd
Síndrome	Syndrom
Terapia	Therapi

Especias
Sbeisys

Agrio	Sur
Ajo	Garlleg
Amargo	Chwerw
Anís	Anise
Azafrán	Saffrwm
Canela	Sinamon
Cebolla	Union
Clavo	Ewin
Comino	Cwmin
Curry	Cyri
Dulce	Melys
Hinojo	Ffenigl
Jengibre	Sinsir
Nuez Moscada	Nytmeg
Pimentón	Paprika
Pimienta	Pupur
Regaliz	Licorice
Sabor	Blas
Sal	Halen
Vainilla	Fanila

Familia
Teulu

Abuela	Nain
Abuelo	Taid
Antepasado	Hynafiad
Esposa	Gwraig
Hermana	Chwaer
Hermano	Brawd
Hija	Merch
Infancia	Plentyndod
Madre	Fam
Marido	Gŵr
Materno	Mamau
Nieto	Ŵyr
Niño	Plentyn
Niños	Plant
Padre	Tad
Primo	Cefnder
Sobrina	Nith
Sobrino	Nai
Tía	Modryb
Tío	Ewythr

Filantropía
Dyngarwch

Caridad	Elusen
Comunidad	Cymuned
Contactos	Cysylltiadau
Finanzas	Cyllid
Fondos	Cronfeydd
Generosidad	Haelioni
Gente	Pobl
Global	Byd-Eang
Grupos	Grwpiau
Historia	Hanes
Honestidad	Gonestrwydd
Humanidad	Dynoliaeth
Juventud	Ieuenctid
Metas	Nodau
Misión	Cenhadaeth
Necesitar	Angen
Niños	Plant
Programas	Rhaglenni
Público	Cyhoeddus

Física
Ffiseg

Aceleración	Cyflymiad
Átomo	Atom
Caos	Anhrefn
Densidad	Dwysedd
Electrón	Electron
Fórmula	Fformiwla
Frecuencia	Amlder
Gas	Nwy
Gravedad	Disgyrchiant
Magnetismo	Magneteg
Masa	Màs
Mecánica	Mecaneg
Molécula	Moleciwl
Motor	Peiriant
Nuclear	Niwclear
Partícula	Gronynnau
Químico	Cemegol
Relatividad	Ymlacio
Universal	Cyffredinol
Velocidad	Cyflymder

Fruta
Ffrwythau

Aguacate	Afocado
Albaricoque	Bricyll
Baya	Aeron
Cereza	Ceirios
Ciruela	Eirin
Coco	Cnau Coco
Frambuesa	Mafon
Guayaba	Guava
Kiwi	Ciwi
Limón	Lemon
Mango	Mango
Manzana	Afal
Melocotón	Peach
Melón	Melon
Naranja	Oren
Nectarina	Nectarine
Papaya	Papaia
Pera	Gellyg
Plátano	Banana
Uva	Grawnwin

Fuerza y Gravedad
Heddlu a Disgyrchiant

Centro	Canol
Descubrimiento	Darganfyddiad
Dinámico	Dynamig
Distancia	Pellter
Eje	Echel
Expansión	Ehangu
Física	Ffiseg
Fricción	Ffrithiant
Impacto	Effaith
Magnetismo	Magneteg
Magnitud	Maint
Mecánica	Mecaneg
Movimiento	Cynnig
Órbita	Orbit
Planetas	Planedau
Presión	Pwysau
Propiedades	Eiddo
Tiempo	Amser
Universal	Cyffredinol
Velocidad	Cyflymder

Geografía
Daearyddiaeth

Altitud	Uchder
Atlas	Atlas
Ciudad	Dinas
Continente	Cyfandir
Hemisferio	Hemisffer
Isla	Ynys
Latitud	Lledred
Longitud	Hydred
Mapa	Map
Mar	Môr
Meridiano	Meridian
Montaña	Mynydd
Mundo	Byd
Norte	Gogledd
Oeste	Gorllewin
País	Gwlad
Región	Rhanbarth
Río	Afon
Sur	De
Territorio	Tiriogaeth

Geología
Daeareg

Ácido	Asid
Calcio	Calsiwm
Capa	Haen
Caverna	Ogof
Continente	Cyfandir
Coral	Cwrel
Cristales	Crisialau
Cuarzo	Cwarts
Estalactita	Stalactite
Estalagmitas	Stalagmidau
Fósil	Ffosil
Géiser	Geyser
Lava	Lafa
Meseta	Gwastad
Minerales	Mwynau
Piedra	Carreg
Sal	Halen
Terremoto	Daeargryn
Volcán	Llosgfynydd
Zona	Parth

Geometría
Geometreg

Altura	Uchder
Ángulo	Ongl
Cálculo	Cyfrifiad
Curva	Gromlin
Diámetro	Diamedr
Dimensión	Dimensiwn
Ecuación	Hafaliad
Horizontal	Llorweddol
Lógica	Rhesymeg
Masa	Màs
Mediana	Canolrif
Número	Rhif
Paralelo	Cyfochrog
Proporción	Cyfran
Segmento	Segment
Simetría	Cymesuredd
Superficie	Wyneb
Teoría	Theori
Triángulo	Triongl
Vertical	Fertigol

Gobierno
Llywodraeth

Ciudadanía	Dinasyddiaeth
Civil	Sifil
Constitución	Cyfansoddiad
Democracia	Democratiaeth
Derechos	Hawliau
Discurso	Araith
Discusión	Trafodaeth
Distrito	Ardal
Estado	Wladwriaeth
Igualdad	Cydraddoldeb
Independencia	Annibyniaeth
Judicial	Barnwrol
Justicia	Cyfiawnder
Ley	Cyfraith
Libertad	Rhyddid
Líder	Arweinydd
Monumento	Heneb
Nacional	Cenedlaethol
Nación	Cenedl
Símbolo	Symbol

Granja #1
Fferm # 1

Abeja	Gwenyn
Agua	Dŵr
Arroz	Reis
Burro	Asyn
Caballo	Ceffyl
Cabra	Gafr
Campo	Maes
Cuervo	Frân
Fertilizante	Gwrtaith
Gato	Cath
Heno	Gwair
Miel	Mêl
Perro	Ci
Pollo	Cyw lâr
Rebaño	Ddiadell
Semillas	Hadau
Ternero	Llo
Tierra	Tir
Vaca	Buwch
Valla	Ffens

Granja #2
Fferm # 2

Agricultor	Ffermwr
Animales	Anifeiliaid
Cebada	Haidd
Comida	Bwyd
Cordero	Cig Oen
Fruta	Ffrwyth
Granero	Ysgubor
Huerto	Berllan
Leche	Llaeth
Llama	Lama
Maduro	Aeddfed
Maíz	Corn
Oveja	Defaid
Pastor	Bugail
Pato	Hwyaden
Prado	Dôl
Riego	Dyfrhau
Tractor	Tractor
Trigo	Gwenith
Vegetal	Llysiau

Herboristería
Llysieuol

Ajo	Garlleg
Albahaca	Basil
Aromático	Aromatig
Azafrán	Saffrwm
Calidad	Ansawdd
Culinario	Coginio
Eneldo	Dil
Estragón	Taragon
Flor	Blodyn
Hinojo	Ffenigl
Ingrediente	Cynhwysion
Jardín	Gardd
Lavanda	Lafant
Mejorana	Marjoram
Menta	Bathdy
Perejil	Persli
Planta	Planhigion
Romero	Rhosmar
Sabor	Blas
Verde	Gwyrdd

Ingeniería
Peirianneg

Ángulo	Ongl
Cálculo	Cyfrifiad
Construcción	Adeiladu
Diagrama	Diagram
Diámetro	Diamedr
Diesel	Diesel
Distribución	Dosbarthu
Eje	Echel
Energía	Ynni
Estabilidad	Sefydlogrwydd
Estructura	Strwythur
Fricción	Ffrithiant
Fuerza	Cryfder
Líquido	Hylif
Máquina	Peiriant
Medición	Mesur
Motor	Modur
Movimiento	Cynnig
Profundidad	Dyfnder
Rotación	Cylchdro

Inmigración
Mewnfudo

Administración	Gweinyddu
Adultos	Oedolion
Aprobación	Cymeradwyaeth
Ayuda	Cymorth
Comunicación	Cyfathrebu
Documentos	Dogfennau
Estrés	Straen
Fecha Límite	Dyddiad Cau
Financiación	Cyllid
Fronteras	Ffiniau
Idioma	Iaith
Ley	Cyfraith
Negociación	Trafod
Niños	Plant
Oficial	Swyddog
Protección	Diogelu
Situación	Sefyllfa
Solución	Ateb
Vivienda	Tai

Jardinería
Garddio

Agua	Dŵr
Botánico	Botanegol
Clima	Hinsawdd
Comestible	Bwytadwy
Compost	Compost
Contenedor	Cynhwysydd
Especie	Rhywogaethau
Estacional	Tymhorol
Exótico	Egsotig
Flor	Blodyn
Floral	Blodau
Follaje	Dail
Huerto	Berllan
Humedad	Lleithder
Manguera	Pibell
Ramo	Tusw
Semillas	Hadau
Suciedad	Baw
Suelo	Pridd

Jardín
Gardd

Arbusto	Llwyn
Árbol	Coed
Banco	Mainc
Césped	Lawnt
Estanque	Pwll
Flor	Blodyn
Garaje	Garej
Hamaca	Hammock
Hierba	Glaswellt
Jardín	Gardd
Malezas	Chwyn
Manguera	Pibell
Pala	Rhaw
Porche	Cyntedd
Rastrillo	Rhaca
Rocas	Creigiau
Suelo	Pridd
Terraza	Teras
Trampolín	Trampolîn
Valla	Ffens

Jazz
Jazz

Artista	Artist
Álbum	Albwm
Canción	Cân
Composición	Cyfansoddiad
Compositor	Cyfansoddwr
Concierto	Cyngerdd
Estilo	Arddull
Énfasis	Pwyslais
Famoso	Enwog
Favoritos	Ffefrynnau
Género	Genre
Improvisación	Byrfyfyr
Música	Cerddoriaeth
Nuevo	Newydd
Orquesta	Cerddorfa
Ritmo	Rhythm
Talento	Talent
Tambores	Drymiau
Técnica	Techneg
Viejo	Hen

La Empresa
Y Cwmni

Calidad	Ansawdd
Creativo	Creadigol
Decisión	Penderfyniad
Empleo	Cyflogaeth
Global	Byd-Eang
Industria	Diwydiant
Ingresos	Refeniw
Innovador	Arloesol
Inversión	Buddsoddiad
Negocio	Busnes
Posibilidad	Posibilrwydd
Presentación	Cyflwyniad
Producto	Cynnyrch
Profesional	Proffesiynol
Progreso	Cynnydd
Recursos	Adnoddau
Reputación	Enw Da
Riesgos	Risgiau
Tendencias	Tueddiadau
Unidades	Unedau

Libros
Llyfrau

Autor	Awdur
Aventura	Antur
Colección	Casgliad
Contexto	Cyd-Destun
Dualidad	Deuoliaeth
Escrito	Ysgrifenedig
Historia	Stori
Histórico	Hanesyddol
Humorístico	Doniol
Inventivo	Buddsoddi
Lector	Darllenydd
Literario	Llenyddol
Narrador	Adroddwr
Novela	Nofel
Página	Tudalen
Pertinente	Perthnasol
Poema	Cerdd
Poesía	Barddoniaeth
Serie	Cyfres
Trágico	Trasig

Literatura
Llenyddiaeth

Analogía	Cyfatebiaeth
Análisis	Dadansoddiad
Anécdota	Chwedl
Autor	Awdur
Biografía	Bywgraffiad
Comparación	Cymhariaeth
Conclusión	Casgliad
Descripción	Disgrifiad
Diálogo	Deialog
Estilo	Arddull
Ficción	Ffuglen
Metáfora	Trosiad
Narrador	Adroddwr
Novela	Nofel
Poema	Cerdd
Poético	Barddonol
Rima	Odl
Ritmo	Rhythm
Tema	Thema
Tragedia	Drychineb

Los Medios de Comunicación
Y Cyfryngau

Actitudes	Agweddau
Comercial	Masnachol
Comunicación	Cyfathrebu
Digital	Digidol
Edición	Argraffiad
Educación	Addysg
En Línea	Ar-Lein
Financiación	Cyllid
Fotos	Lluniau
Hechos	Ffeithiau
Individual	Unigol
Industria	Diwydiant
Intelectual	Deallusol
Local	Lleol
Opinión	Barn
Público	Cyhoeddus
Radio	Radio
Red	Rhwydwaith
Revistas	Cylchgronau
Televisión	Teledu

Mamíferos
Mamaliaid

Ballena	Morfil
Burro	Asyn
Caballo	Ceffyl
Camello	Camel
Canguro	Kangaroo
Cebra	Sebra
Conejo	Cwningen
Coyote	Coyote
Delfín	Dolffin
Elefante	Eliffant
Gato	Cath
Gorila	Gorila
Jirafa	Jiraff
Lobo	Blaidd
Mono	Mwnci
Oso	Arth
Oveja	Defaid
Perro	Ci
Toro	Tarw
Zorro	Llwynog

Matemáticas
Mathemateg

Aritmética	Rhifyddeg
Ángulos	Onglau
Circunferencia	Cylchedd
Cuadrado	Sgwâr
Decimal	Degol
Diámetro	Diamedr
Ecuación	Hafaliad
Fracción	Ffracsiwn
Geometría	Geometreg
Números	Rhifau
Paralelo	Cyfochrog
Paralelogramo	Paralelogram
Perímetro	Amfesur
Perpendicular	Berpendicwlar
Polígono	Polygon
Radio	Radiws
Rectángulo	Petryal
Simetría	Cymesuredd
Triángulo	Triongl
Volumen	Cyfrol

Mediciones
Mesuriadau

Altura	Uchder
Ancho	Lled
Byte	Beit
Centímetro	Canolfan
Decimal	Degol
Grado	Gradd
Gramo	Gram
Kilogramo	Cilogram
Litro	Litr
Longitud	Hyd
Masa	Màs
Metro	Mesurydd
Minuto	Munud
Onza	Owns
Peso	Pwysau
Pinta	Peint
Profundidad	Dyfnder
Pulgada	Modfedd
Tonelada	Tunnell
Volumen	Cyfrol

Meditación
Myfyrdod

Aceptación	Derbyn
Atención	Sylw
Bondad	Caredigrwydd
Calma	Dawel
Claridad	Eglurder
Compasión	Tosturi
Emociones	Emosiynau
Felicidad	Hapusrwydd
Gratitud	Diolchgarwch
Mental	Meddyliol
Mente	Meddwl
Movimiento	Symudiad
Música	Cerddoriaeth
Naturaleza	Natur
Paz	Heddwch
Pensamientos	Meddyliau
Perspectiva	Safbwynt
Postura	Osgo
Respiración	Anadlu
Silencio	Distawrwydd

Mitología
Mytholeg

Celos	Cenfigen
Cielo	Nefoedd
Comportamiento	Ymddygiad
Creación	Creu
Creencias	Credoau
Criatura	Creadur
Cultura	Diwylliant
Deidades	Duwiau
Desastre	Trychineb
Fuerza	Cryfder
Guerrero	Rhyfelwr
Héroe	Arwr
Inmortalidad	Anfarwoldeb
Laberinto	Labyrinth
Leyenda	Chwedl
Monstruo	Anghenfil
Mortal	Marwol
Rayo	Mellt
Trueno	Meddwl
Venganza	Dial

Moda
Ffasiwn

Asequible	Fforddiadwy
Bordado	Brodwaith
Botones	Botymau
Boutique	Boutique
Caro	Drud
Elegante	Cain
Encaje	Lace
Estilo	Arddull
Mediciones	Mesuriadau
Minimalista	Lleiaf
Moderno	Modern
Modesto	Cymedrol
Original	Gwreiddiol
Patrón	Patrwm
Práctico	Ymarferol
Ropa	Dillad
Sencillo	Syml
Tendencia	Tuedd
Textura	Gwead

Música
Cerddoriaeth

Armonía	Harmoni
Armónico	Harmonig
Álbum	Albwm
Balada	Baled
Cantante	Canwr
Cantar	Canu
Clásico	Clasurol
Coro	Corws
Grabación	Cofnodi
Improvisar	Byrfyfyr
Instrumento	Offeryn
Melodía	Alaw
Micrófono	Meicroffon
Musical	Cerddorol
Músico	Cerddor
Ópera	Opera
Poético	Barddonol
Ritmo	Rhythm
Tempo	Tempo
Vocal	Lleisiol

Naturaleza
Natur

Abejas	Gwenyn
Acantilados	Clogwyni
Animales	Anifeiliaid
Ártico	Arctig
Belleza	Harddwch
Bosque	Coedwig
Desierto	Anialwch
Dinámico	Dynamig
Follaje	Dail
Glaciar	Rhewlif
Montañas	Mynyddoedd
Niebla	Niwl
Nubes	Cymylau
Pacífico	Heddychlon
Río	Afon
Salvaje	Gwyllt
Santuario	Cysegr
Sereno	Tawel
Tropical	Trofannol
Vital	Hanfodol

Negocio
Busnes

Carrera	Gyrfa
Costo	Cost
Descuento	Disgownt
Dinero	Arian
Economía	Economeg
Empleado	Cyflogai
Empleador	Cyflogwr
Empresa	Cwmni
Fábrica	Ffatri
Finanzas	Cyllid
Impuestos	Trethi
Inversión	Buddsoddiad
Mercancía	Nwyddau
Oficina	Swyddfa
Personal	Staff
Presupuesto	Cyllideb
Tienda	Siop
Trabajo	Swydd
Transacción	Trafod
Venta	Gwerthu

Nutrición
Maeth

Amargo	Chwerw
Apetito	Archwaeth
Calidad	Ansawdd
Calorías	Galorïau
Carbohidratos	Carbohydradau
Cereales	Grawnfwydydd
Comestible	Bwytadwy
Dieta	Deiet
Digestión	Treuliad
Equilibrado	Cytbwys
Fermentación	Eplesu
Nutriente	Maeth
Peso	Pwysau
Proteínas	Proteinau
Sabor	Blas
Salsa	Saws
Salud	Iechyd
Saludable	Iach
Toxina	Gwenwyn
Vitamina	Fitamin

Números
Rhifau

Cero	Sero
Cinco	Pump
Cuatro	Pedwar
Decimal	Degol
Dieciocho	Deunaw
Dieciséis	Un ar Bymtheg
Diez	Deg
Doce	Deuddeg
Dos	Dau
Matemática	Math
Nueve	Naw
Ocho	Wyth
Quince	Pymtheg
Seis	Chwech
Siete	Saith
Trece	Tri ar Ddeg
Tres	Tri
Uno	Un
Veinte	Ugain

Océano
Cefnfor

Alga	Algâu
Algas Marinas	Gwymon
Anguila	Llysywod
Atún	Tiwna
Ballena	Morfil
Barco	Cwch
Camarón	Berdys
Cangrejo	Cranc
Coral	Cwrel
Delfín	Dolffin
Esponja	Noddi
Mareas	Llanw
Medusa	Sglefrod Môr
Ostra	Wystrys
Pescado	Pysgod
Pulpo	Octopws
Sal	Halen
Tiburón	Siarc
Tormenta	Storm
Tortuga	Crwban

Paisajes
Tirweddau

Cascada	Rhaeadr
Cueva	Ogof
Desierto	Anialwch
Estuario	Aber
Géiser	Geyser
Glaciar	Rhewlif
Golfo	Gwlff
Iceberg	Mynydd Iâ
Isla	Ynys
Lago	Llyn
Mar	Môr
Montaña	Mynydd
Oasis	Werddon
Pantano	Gors
Península	Penrhyn
Playa	Traeth
Río	Afon
Tundra	Tundra
Valle	Dyffryn
Volcán	Llosgfynydd

Países #1
Gwledydd # 1

Alemania	Yr Almaen
Argentina	Ariannin
Bélgica	Gwlad Belg
Brasil	Brasil
Canadá	Canada
Ecuador	Ecwador
Egipto	Yr Aifft
España	Sbaen
Filipinas	Philippines
Honduras	Honduras
India	India
Italia	Yr Eidal
Libia	Libya
Malí	Mali
Marruecos	Moroco
Nicaragua	Nicaragua
Noruega	Norwy
Panamá	Panama
Polonia	Gwlad Pwyl
Venezuela	Venezuela

Países #2
Gwledydd # 2

Albania	Albania
Australia	Awstralia
Austria	Awstria
Dinamarca	Denmarc
Etiopía	Ethiopia
Francia	Ffrainc
Grecia	Gwlad Groeg
Indonesia	Indonesia
Irlanda	Iwerddon
Jamaica	Jamaica
Japón	Japan
Laos	Laos
México	Mecsico
Pakistán	Pakistan
Portugal	Portiwgal
Rusia	Rwsia
Siria	Syria
Sudán	Sudan
Ucrania	Wcráin
Uganda	Uganda

Pájaros
Adar

Avestruz	Estrys
Águila	Eryr
Cigüeña	Ciconia
Cisne	Alarch
Cuco	Gog
Cuervo	Frân
Flamenco	Fflamingo
Ganso	Gŵydd
Garza	Crëyr
Gaviota	Gwylan
Gorrión	Aderyn
Halcón	Hebog
Huevo	Wy
Loro	Parot
Paloma	Colomen
Pato	Hwyaden
Pelícano	Pelican
Pingüino	Pengwin
Pollo	Cyw Iâr
Tucán	Twcan

Pesca
Pysgota

Agua	Dŵr
Aletas	Esgyll
Barco	Cwch
Branquias	Tagellau
Cable	Gwifren
Cebo	Abwyd
Cesta	Basged
Cocinar	Coginio
Equipo	Offer
Exageración	Esboniad
Gancho	Bachyn
Lago	Llyn
Mandíbula	Ên
Océano	Cefnfor
Paciencia	Amynedd
Peso	Pwysau
Playa	Traeth
Río	Afon
Temporada	Tymor

Plantas
Planhigion

Arbusto	Llwyn
Árbol	Coed
Bambú	Bambŵ
Baya	Aeron
Bosque	Coedwig
Botánica	Llysieueg
Cactus	Cactus
Fertilizante	Gwrtaith
Flor	Blodyn
Flora	Flora
Follaje	Dail
Frijol	Ffa
Hiedra	Eiddew
Hierba	Glaswellt
Jardín	Gardd
Musgo	Mwsogl
Pétalo	Petal
Raíz	Gwraidd
Sol	Haul
Vegetación	Llystyfiant

Profesiones #1
Proffesiynau # 1

Abogado	Cyfreithiwr
Astrónomo	Seryddwr
Atleta	Mabolgampwr
Bailarín	Dawnsiwr
Banquero	Banciwr
Bombero	Diffoddwr Tân
Cartógrafo	Cartographer
Cazador	Helwyr
Doctor	Meddyg
Editor	Golygydd
Embajador	Llysgennad
Enfermera	Nyrs
Entrenador	Hyfforddwr
Fontanero	Plymwr
Geólogo	Daearegwr
Joyero	Gemydd
Músico	Cerddor
Pianista	Pianydd
Psicólogo	Seicolegydd
Veterinario	Milfeddyg

Profesiones #2
Proffesiynau # 2

Agricultor	Ffermwr
Astronauta	Gofodwr
Bibliotecario	Llyfrgellydd
Biólogo	Biolegydd
Cirujano	Llawfeddyg
Dentista	Deintydd
Detective	Ditectif
Filósofo	Athronydd
Fotógrafo	Ffotograffydd
Ilustrador	Darlunydd
Ingeniero	Peiriannydd
Inventor	Dyfeisiwr
Investigador	Ymchwilydd
Jardinero	Garddwr
Lingüista	Ieithydd
Médico	Meddyg
Periodista	Newyddiadurwr
Piloto	Peilot
Pintor	Peintiwr
Profesor	Athro

Psicología
Seicoleg

Clínico	Clinigol
Cognición	Gwybyddiaeth
Comportamiento	Ymddygiad
Conflicto	Gwrthdaro
Ego	Ego
Emociones	Emosiynau
Evaluación	Asesiad
Experiencias	Profiadau
Ideas	Syniadau
Inconsciente	Anymwybodol
Infancia	Plentyndod
Influencias	Dylanwadau
Pensamientos	Meddyliau
Percepción	Canfyddiad
Personalidad	Personoliaeth
Problema	Broblem
Realidad	Realiti
Sensación	Teimlad
Sueños	Breuddwydion
Terapia	Therapi

Química
Cemeg

Alcalino	Alcalïaidd
Ácido	Asid
Calor	Gwres
Carbono	Carbon
Catalizador	Catalydd
Cloro	Clorin
Electrón	Electron
Enzima	Ensym
Gas	Nwy
Hidrógeno	Hydrogen
Ion	Ion
Líquido	Hylif
Metales	Metelau
Molécula	Moleciwl
Nuclear	Niwclear
Oxígeno	Ocsigen
Peso	Pwysau
Reacción	Adwaith
Sal	Halen
Temperatura	Tymheredd

Ropa
Dillad

Abrigo	Côt
Blusa	Blows
Bufanda	Sgarff
Camisa	Crys
Chaqueta	Siaced
Cinturón	Gwregys
Collar	Adnabod
Delantal	Ffedog
Falda	Sgert
Guantes	Menig
Joyas	Gemwaith
Moda	Ffasiwn
Pantalones	Pants
Pijama	Pyjamas
Pulsera	Breichled
Sandalias	Sandalau
Sombrero	Het
Suéter	Chwyswr
Vestido	Gwisg
Zapato	Esgid

Salud y Bienestar #1
Iechyd a Lles # 1

Activo	Gweithredol
Altura	Uchder
Bacterias	Bacteria
Clínica	Clinig
Doctor	Meddyg
Farmacia	Fferyllfa
Fractura	Twyll
Hambre	Newyn
Hábito	Arfer
Hormonas	Hormonau
Huesos	Esgyrn
Medicina	Meddygaeth
Músculos	Cyhyrau
Nervios	Nerfau
Piel	Croen
Postura	Osgo
Reflejo	Atgyrch
Relajación	Ymlacio
Terapia	Therapi
Tratamiento	Triniaeth

Salud y Bienestar #2
Iechyd a Lles # 2

Alergia	Alergedd
Anatomía	Anatomeg
Apetito	Archwaeth
Caloría	Calori
Dieta	Deiet
Digestión	Treuliad
Energía	Ynni
Enfermedad	Clefyd
Estrés	Straen
Genética	Geneteg
Higiene	Hylendid
Hospital	Ysbyty
Infección	Haint
Masaje	Tylino
Nutrición	Maeth
Peso	Pwysau
Recuperación	Adfer
Saludable	Iach
Sangre	Gwaed
Vitamina	Fitamin

Selva Tropical
Fforestydd Glaw

Anfibios	Amffibiaid
Botánico	Botanegol
Clima	Hinsawdd
Comunidad	Cymuned
Diversidad	Amrywiaeth
Especie	Rhywogaethau
Indígena	Cynhenid
Insectos	Pryfed
Mamíferos	Mamaliaid
Musgo	Mwsogl
Naturaleza	Natur
Nubes	Cymylau
Pájaros	Adar
Preservación	Cadwraeth
Refugio	Lloches
Respeto	Parch
Restauración	Adfer
Selva	Jyngl
Supervivencia	Goroesi
Valioso	Gwerthfawr

Tiempo
Amser

Ahora	Nawr
Antes	Cyn
Anual	Blynyddol
Año	Blwyddyn
Ayer	Ddoe
Calendario	Calendr
Década	Degawd
Día	Dydd
Futuro	Dyfodol
Hora	Awr
Hoy	Heddiw
Mañana	Bore
Mediodía	Hanner Dydd
Mes	Mis
Minuto	Munud
Momento	Sylw
Noche	Nos
Reloj	Cloc
Semana	Wythnos
Siglo	Canrif

Tipos de Cabello
Mathau o Wallt

Blanco	Gwyn
Brillante	Sgleiniog
Calvo	Moel
Coloreado	Lliw
Corto	Byr
Delgada	Tenau
Gris	Llwyd
Grueso	Trwchus
Largo	Hir
Marrón	Brown
Negro	Du
Plata	Arian
Rizado	Cyrliog
Rizos	Curls
Rubio	Blond
Saludable	Iach
Seco	Sych
Suave	Meddal
Trenzado	Plethedig
Trenzas	Blethi

Universo
Bydysawd

Asteroide	Asteroid
Astronomía	Seryddiaeth
Astrónomo	Seryddwr
Atmósfera	Awyrgylch
Celestial	Nefol
Cielo	Awyr
Cósmico	Cosmig
Ecuador	Cyhydedd
Galaxia	Galaeth
Hemisferio	Hemisffer
Horizonte	Gorwel
Latitud	Lledred
Longitud	Hydred
Luna	Lleuad
Oscuridad	Tywyllwch
Órbita	Orbit
Solar	Solar
Solsticio	Ateb
Telescopio	Telesgop
Visible	Gweladwy

Vacaciones #2
Yn Ystod y Gwyliau #2

Aeropuerto	Maes Awyr
Carpa	Pabell
Destino	Cyrchfan
Extranjero	Tramor
Fotos	Lluniau
Hotel	Gwesty
Isla	Ynys
Mapa	Map
Mar	Môr
Ocio	Hamdden
Pasaporte	Pasbort
Playa	Traeth
Reservas	Amheuon
Restaurante	Bwyty
Taxi	Tacsi
Transporte	Cludiant
Tren	Trên
Vacaciones	Gwyliau
Viaje	Taith
Visa	Fisa

Vehículos
Cerbydau

Ambulancia	Ambiwlans
Autobús	Bws
Avión	Awyren
Balsa	Llu
Barco	Cwch
Bicicleta	Beic
Camión	Lori
Caravana	Carafan
Coche	Car
Cohete	Roced
Ferry	Fferi
Helicóptero	Hofrennydd
Lanzadera	Gwennol
Metro	Isffordd
Motor	Modur
Neumáticos	Tirion
Submarino	Llong Danfor
Taxi	Tacsi
Tractor	Tractor
Tren	Trên

Verduras
Llysiau

Ajo	Garlleg
Alcachofa	Artisiog
Apio	Seleri
Berenjena	Eggplant
Brócoli	Brocoli
Calabaza	Pwmpen
Cebolla	Union
Ensalada	Salad
Espinacas	Sbigoglys
Guisante	Pys
Jengibre	Sinsir
Nabo	Maip
Oliva	Olewydd
Patata	Tatws
Pepino	Ciwcymbr
Perejil	Persli
Rábano	Radish
Seta	Madarch
Tomate	Tomato
Zanahoria	Moron

Enhorabuena

Lo has conseguido!

Esperamos que hayas disfrutado de este libro tanto como nosotros al diseñarlo. Nos esforzamos por crear libros de la máxima calidad posible.
Esta edición está diseñada para proporcionar un aprendizaje inteligente, de calidad y divertido!

¿Te ha gustado este libro?

Una Petición Sencilla

Estos libros existen gracias a las reseñas que se publican.
¿Podrías ayudarnos dejando una reseña ahora?
Aquí tienes un breve enlace a la página de reseñas

BestBooksActivity.com/Opiniones50

¡DESAFÍO FINAL!

Reto n°1

¿Estás listo para tu juego gratis? Los utilizamos siempre, pero no son tan fáciles de encontrar. ¡Aquí están los **Sinónimos**!

Escribe 5 palabras que hayas encontrado en los rompecabezas (#21, #36, #76) y trata de encontrar 2 sinónimos para cada palabra.

Escriba 5 palabras del *Puzzle 21*

Palabras	Sinónimo 1	Sinónimo 2

Escriba 5 palabras del *Puzzle 36*

Palabras	Sinónimo 1	Sinónimo 2

Escriba 5 palabras del *Puzzle 76*

Palabras	Sinónimo 1	Sinónimo 2

Reto n°2

Ahora que te has calentado, escribe 5 palabras que hayas encontrado en los Puzzles 9, 17 y 25 e intenta encontrar 2 antónimos para cada palabra. ¿Cuántos puedes encontrar en 20 minutos?

Escriba 5 palabras del **Puzzle 9**

Palabras	Antónimo 1	Antónimo 2

Escriba 5 palabras del **Puzzle 17**

Palabras	Antónimo 1	Antónimo 2

Escriba 5 palabras del **Puzzle 25**

Palabras	Antónimo 1	Antónimo 2

Reto n°3

¡Genial! Este desafío final   no es nada para ti.

¿Preparado para el reto final? Elige 10 palabras que hayas descubierto en los diferentes rompecabezas y escríbelas a continuación.

1.	6.
2.	7.
3.	8.
4.	9.
5.	10.

Ahora escribe un texto pensando en una persona, un animal o un lugar que te guste.

Puedes usar la última página de este libro como borrador.

Tu Composición:

CUADERNO DE NOTAS :

HASTA PRONTO !

Todo el Equipo

DESCUBRA JUEGOS GRATIS

GO

↓

BESTACTIVITYBOOKS.COM/FREEGAMES